*"La storia è una guerra contro il tempo,
in quanto chiama a nuova vita fatti ed eroi del passato."*
A. Manzoni

FOTOGRAFIA DI GUERRA
VIAGGIO NELLE RIEVOCAZIONI STORICHE

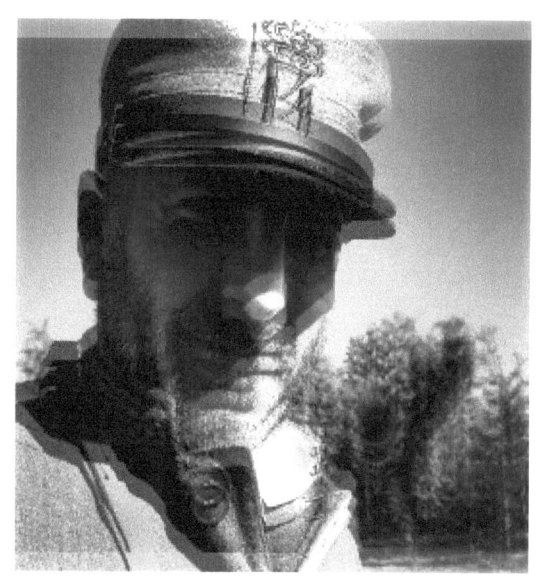

Autore Roberto Cavasin

Fotografo specializzato nella rappresentazione dei luoghi storici e la storia in generale con una specializzazione sulla Grande Guerra in Italia.
Maggiori Informazioni su www.fotografodiguerra.it

Premessa:

Living History è un termine che descrive la rappresentazione immersiva della storia al grande pubblico attraverso una rievocazione di fatti e personaggi del passato. La rappresentazione storica comprende diversi elementi ben studiati per ricreare un evento storico a fini educativi.

Gli eventi legati alla rievocazione di conflitti mondiali può portare alla rappresentazione di battaglie simulate e ridotte per far rivivere al pubblico l'atmosfera del tempo. Suoni, luci, odori convergono per ricreare un ambiente verosimile e difficilmente immaginabile ai giorni nostri.

Di seguito troverete foto reali e invecchiate di alcuni momenti salienti di rievocazioni Storiche nel Veneto.

La Grande Guerra in Veneto

La Grande Guerra durò 1250 giorni, dal 24 maggio 1915 al 4 novembre 1918. In questo lungo periodo la parte nord-orientale del paese si trasformò in un gigantesco campo di battaglia con al centro il Veneto. Le sue terre furono lo scenario delle più grandi battaglie tra l'esercito italiano e quello austro-ungarico.

Ancora oggi sono numerose le tracce ed i resti della Grande Guerra, dalle Dolomiti alla foce del Piave passando per il Montello, il Massiccio del Monte Grappa e l'Altopiano di Asiago.

In quelli che una volta furono i campi di battaglia, si possono vedere ancora oggi trincee, costruzioni militari, crateri scavati da granate o gigantesche mine.

La Grande Guerra sulle Dolomiti

Quando L'Italia dichiarò guerra all'Austria-Ungheria, il Cadore e la linea delle Dolomiti Bellunesi si trasformarono in un grande campo di battaglia. Dall'estate del 1915 all'ottobre del 1917 migliaia di uomini vissero lunghi periodi di guerra scavando chilometri di trincee e fortificazioni. Nomi come il Massiccio delle Tofane, il Lagazuoi, il Col di Lana, il Monte Piana e le Tre Cime di Lavaredo iniziarono ad essere conosciuti in tutta Italia per le sanguinose battaglie che si combatterono sulle loro cime.

Rievocazione storica nei musei all'aperto delle 5 Torri e del Lagazuoi per rivivere la vita del fronte dolomitico durante la Prima Guerra Mondiale.

Presenti i gruppi:
Sentinelle del Lagazuoi;
Gruppo Storico Carosello Tre Leoni-3° Reggimento Bersaglieri;
Gruppo Storico VI° Alpini Btg. Verona;
Gruppo Storico Trentino;
Associazione Storica IV Novembre;
Associazione Storica "Fronte Orientale";
Darstellung Sueddeutsche Militaer (Germania);
Tradition Regiment LIR27 Ljubljana.

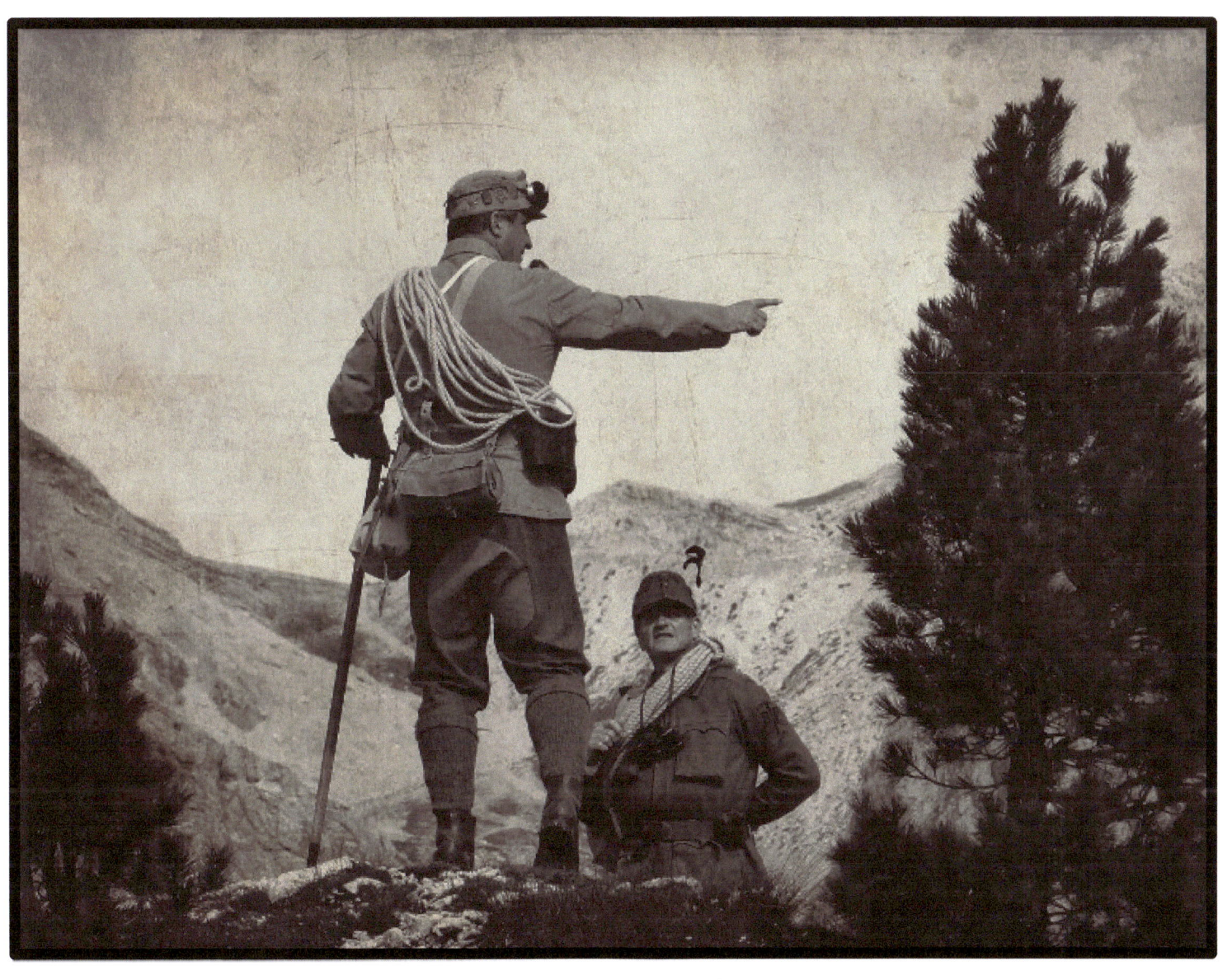

La Grande Guerra sulle Dolomiti - 2019

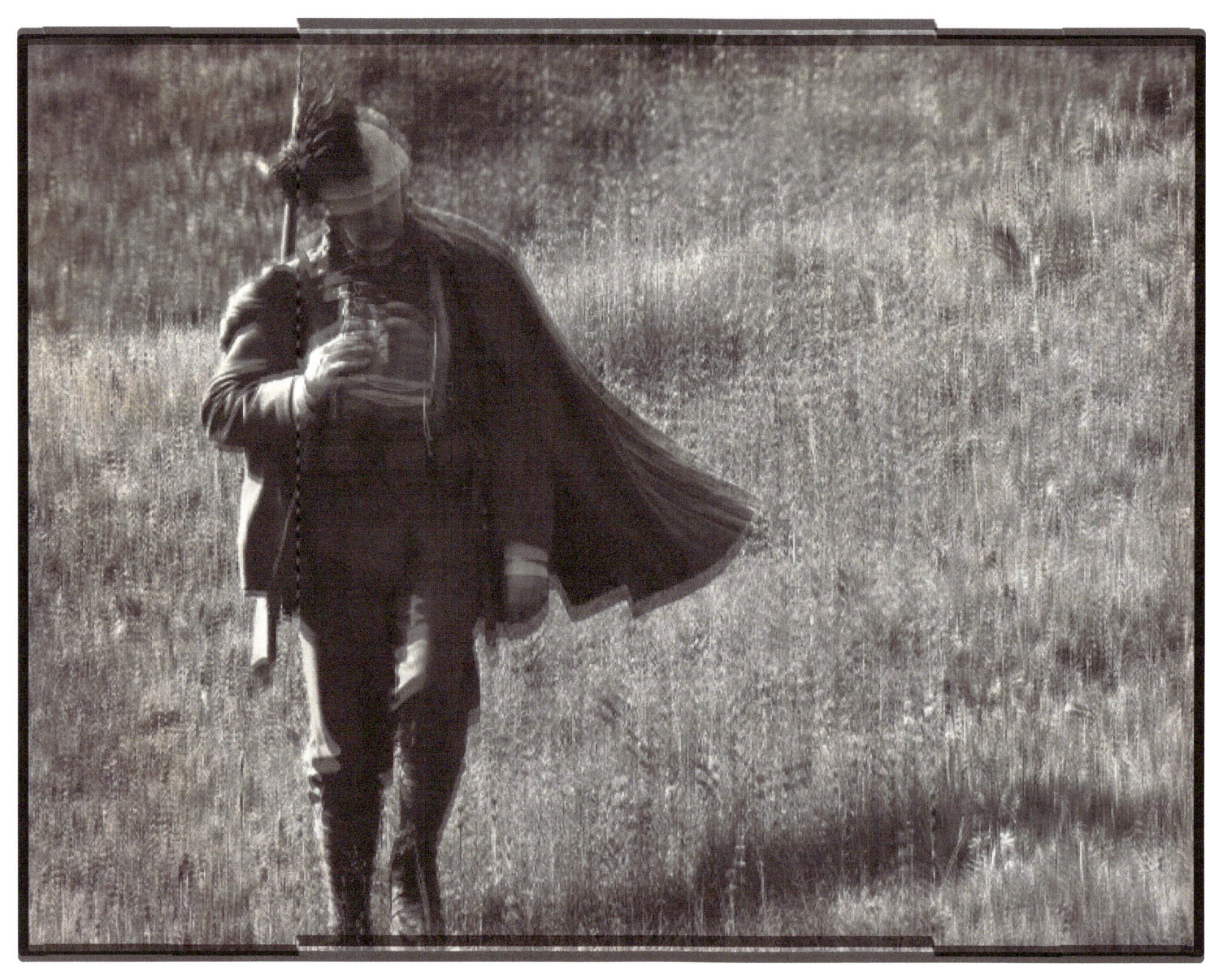

La Grande Guerra sulle Dolomiti - 2019

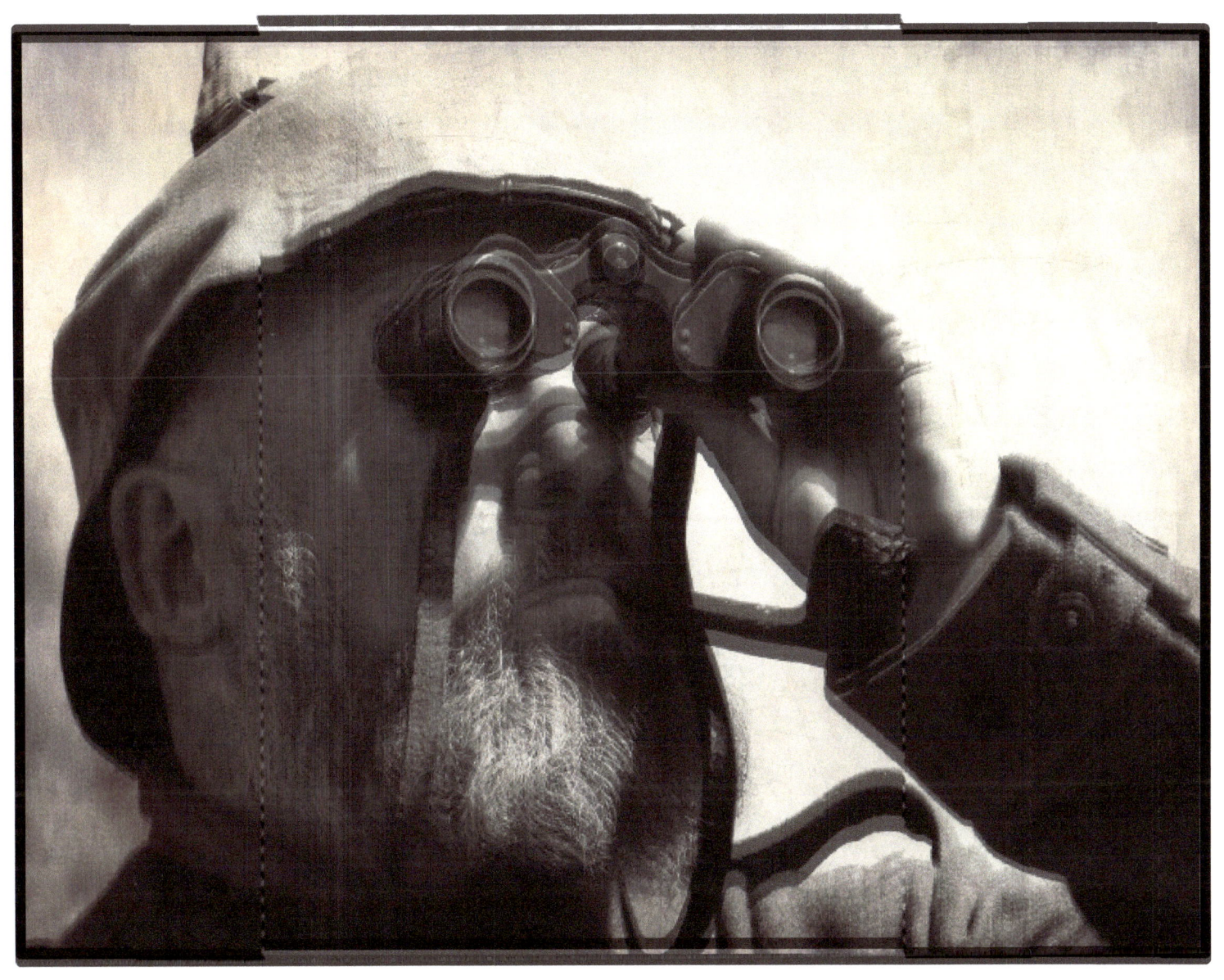

La Grande Guerra sulle Dolomiti - 2019

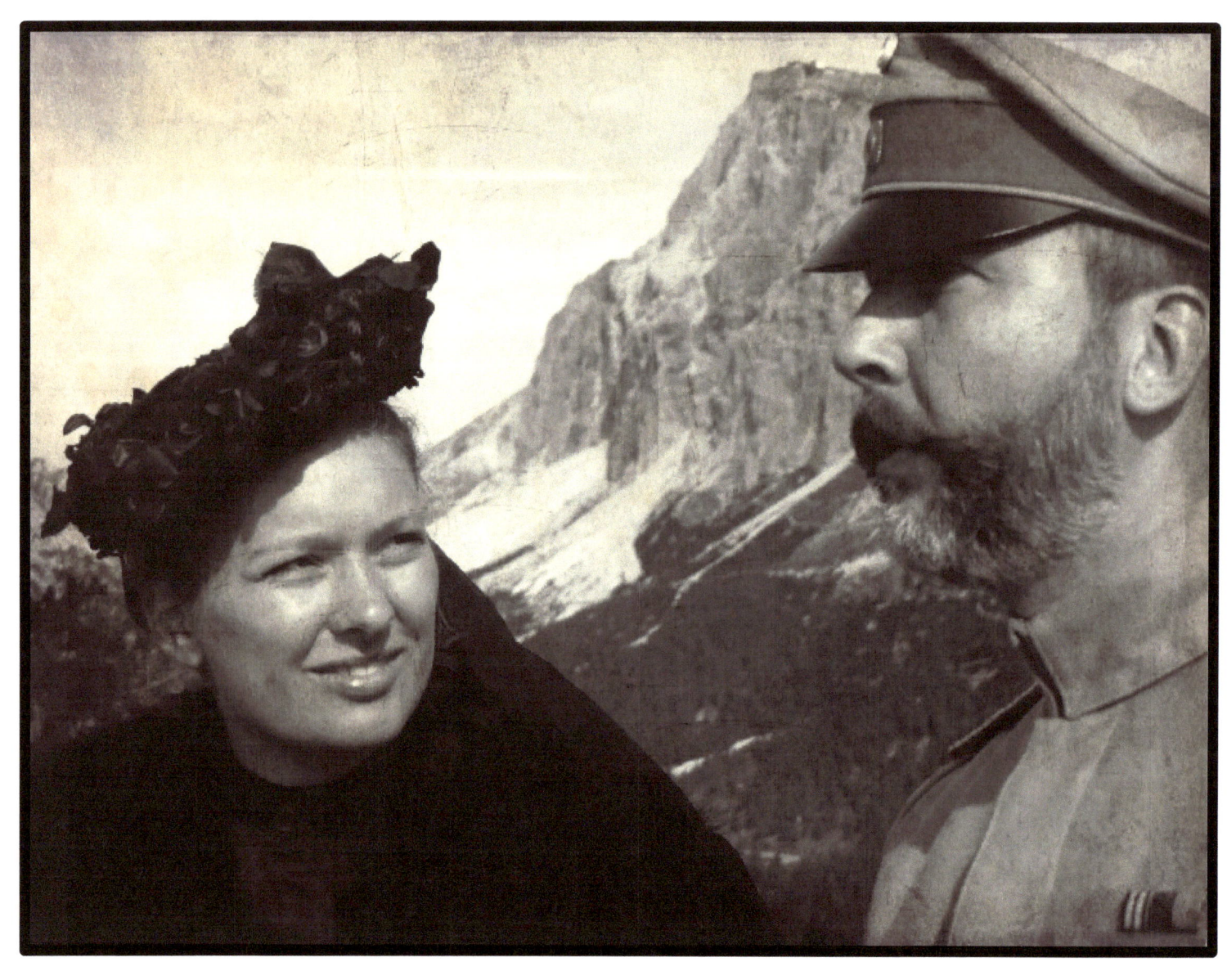

La Grande Guerra sulle Dolomiti - 2019

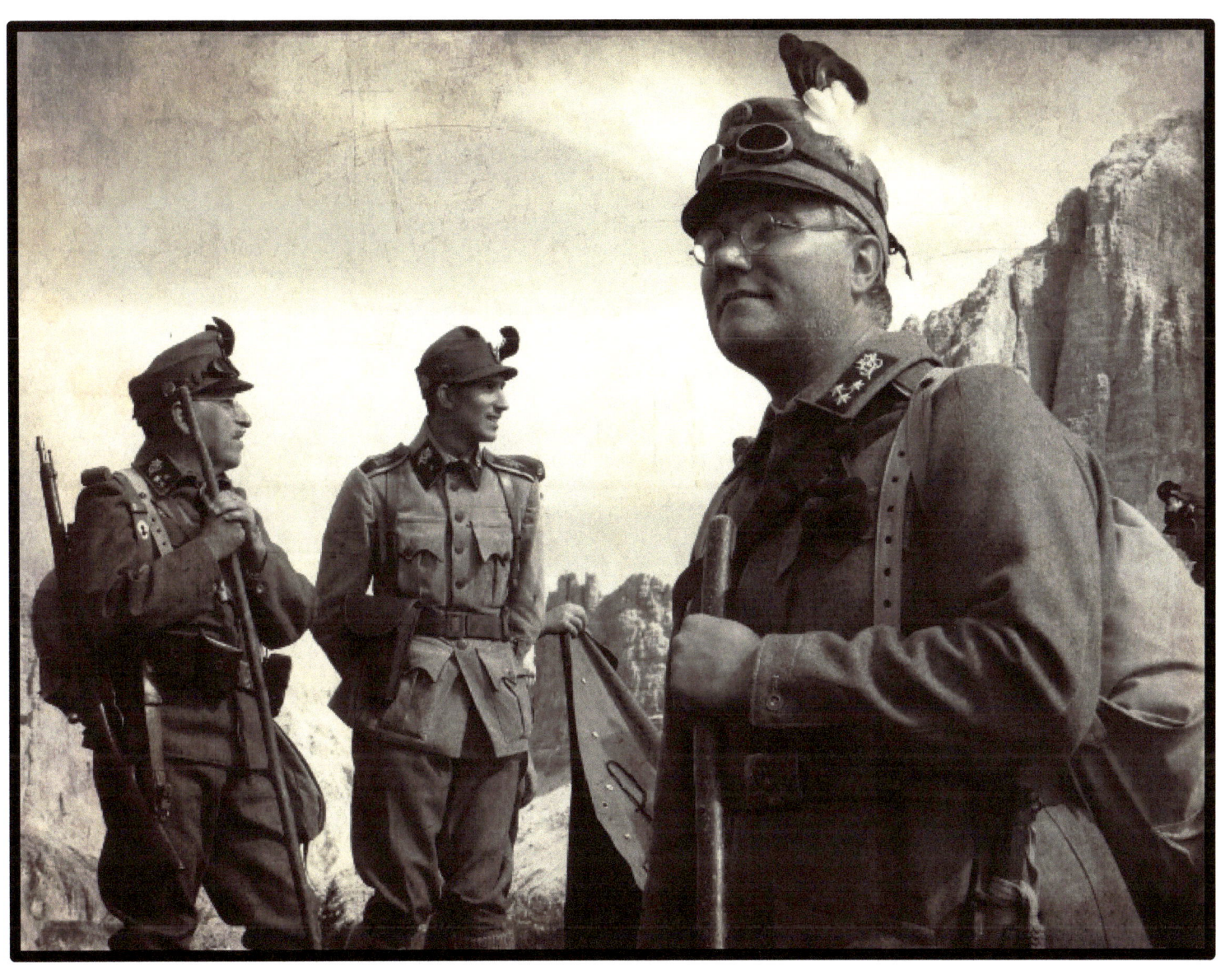

La Grande Guerra sulle Dolomiti - 2018

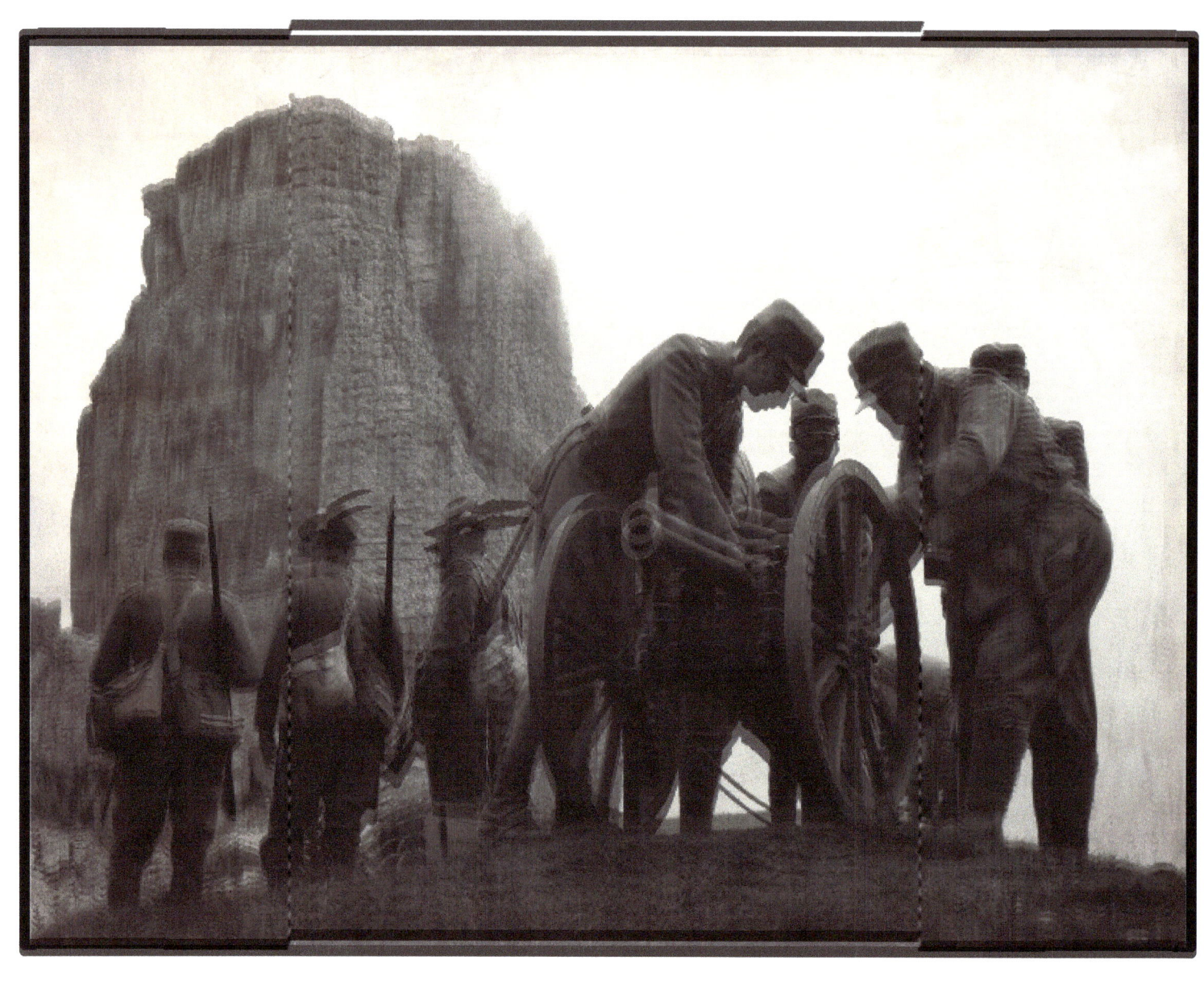

La Grande Guerra sulle Dolomiti - 2018

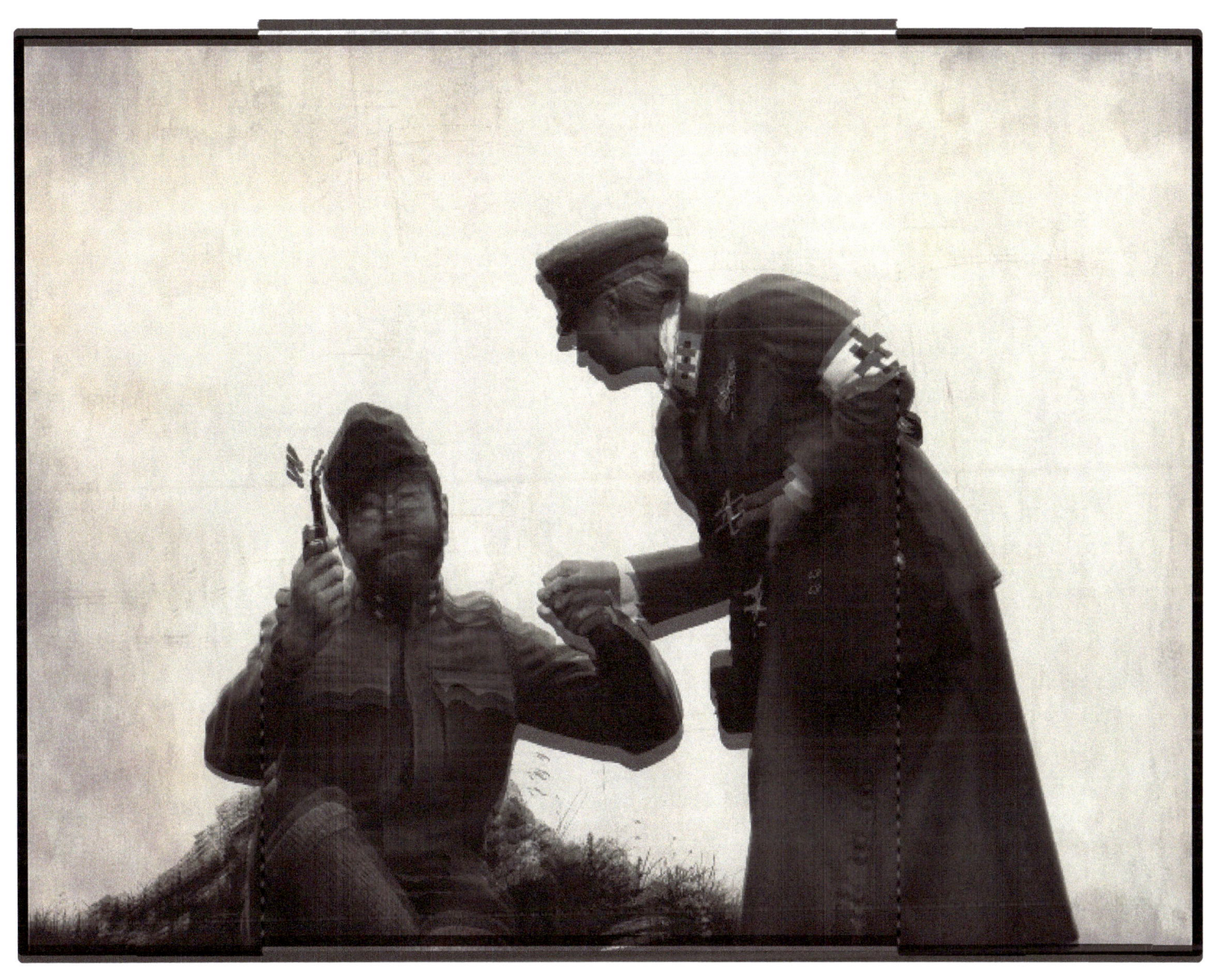

La Grande Guerra sulle Dolomiti - 2018

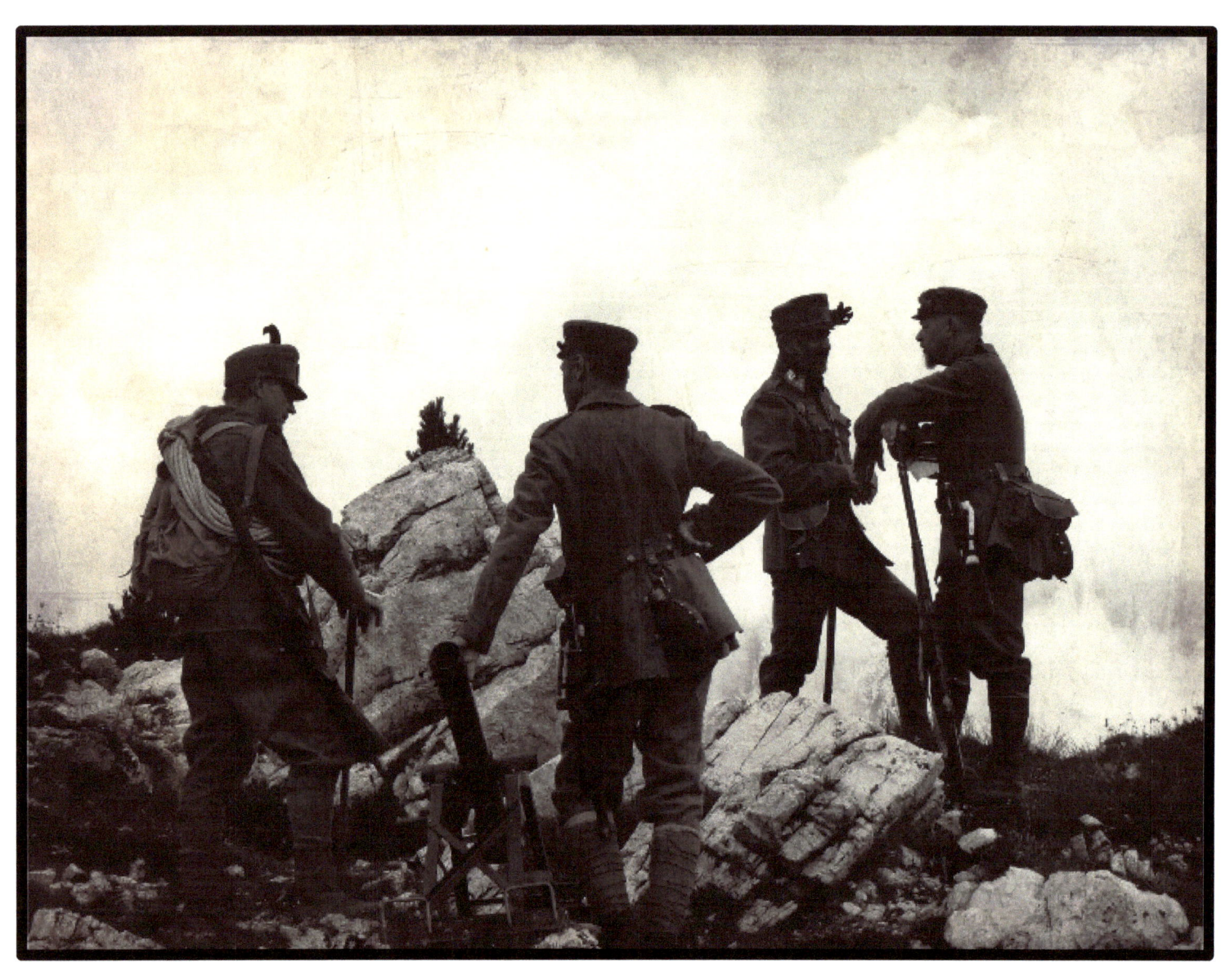

La Grande Guerra sulle Dolomiti - 2018

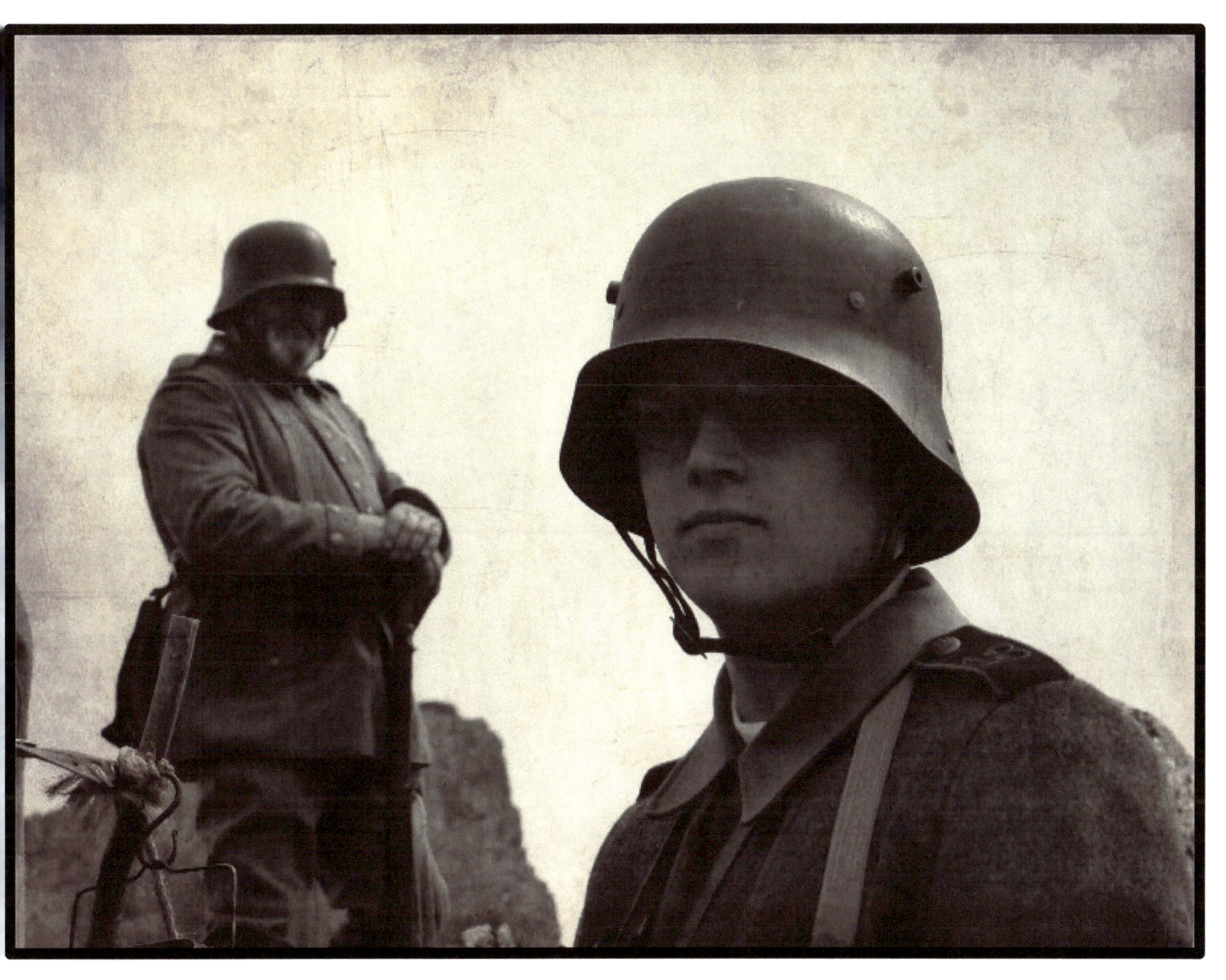

La Grande Guerra sulle Dolomiti - 2018

La Grande Guerra sul Monticano

I corsi d'acqua del Monticano e del Piavon, in combinazione col Livenza, rappresentarono nel novembre 1917 l'ultimo caposaldo dei reparti italiani a copertura della 3a Armata nel suo ripiegamento al Piave.

Rievocazione storica della Battaglia del Monticano del 1917 con la partecipazione di:

I Caimani del Piave
La "Compagnia Autonoma Skiatori"
Il Reparto storico "Tirolo Meridionale"
Fondazione Jonathan Collection

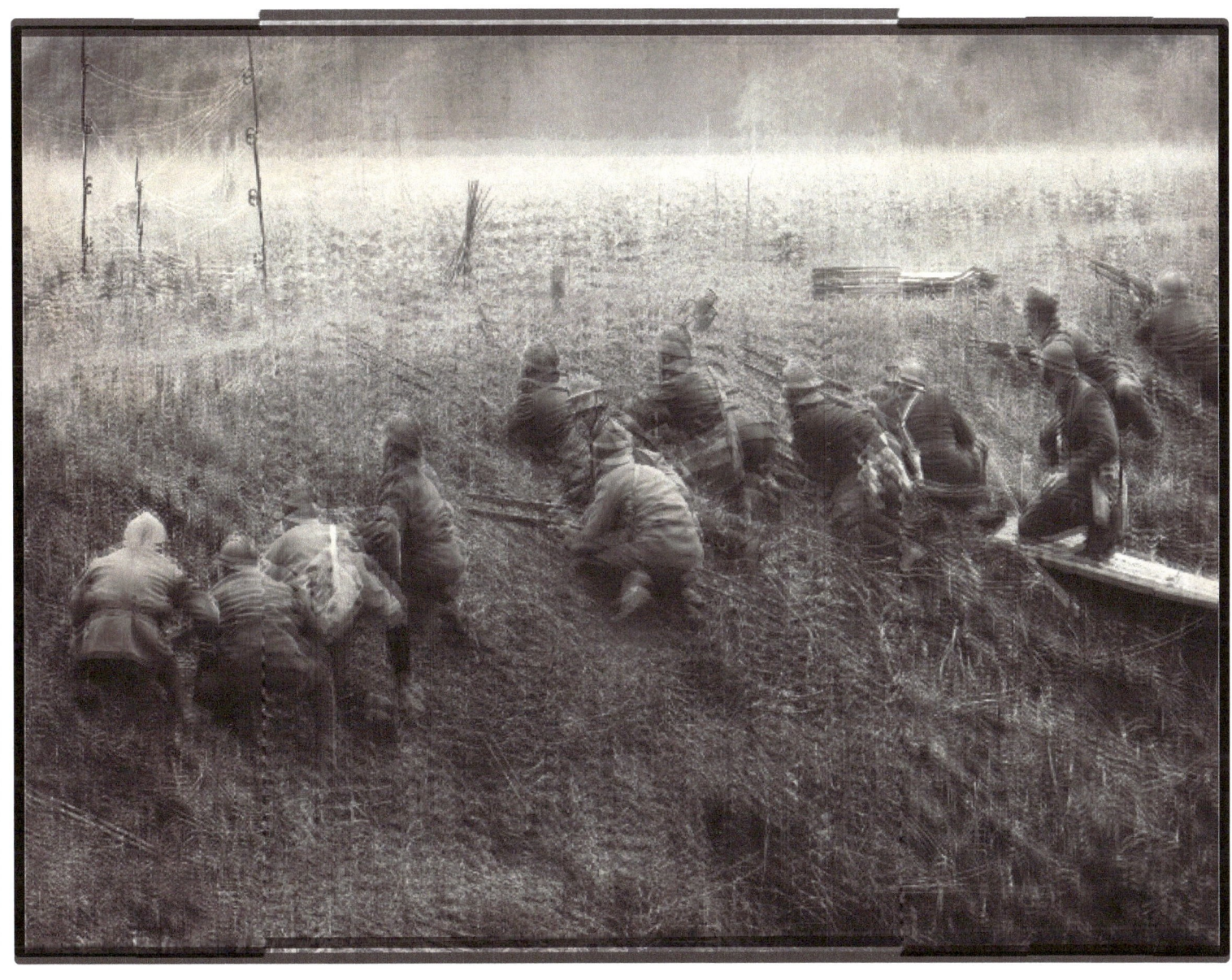

La Grande Guerra sul Monticano - 2018

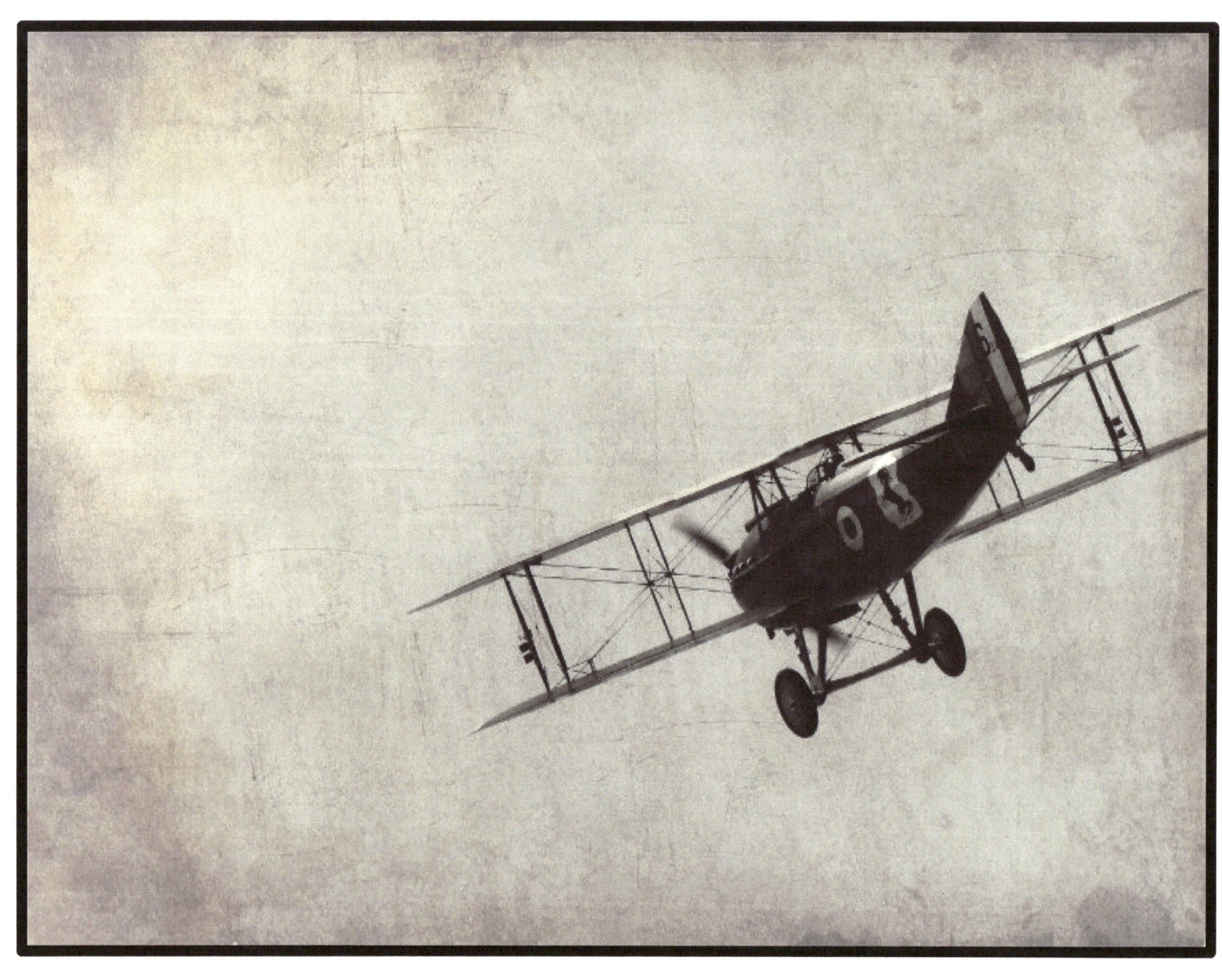

La Grande Guerra sul Monticano - 2018

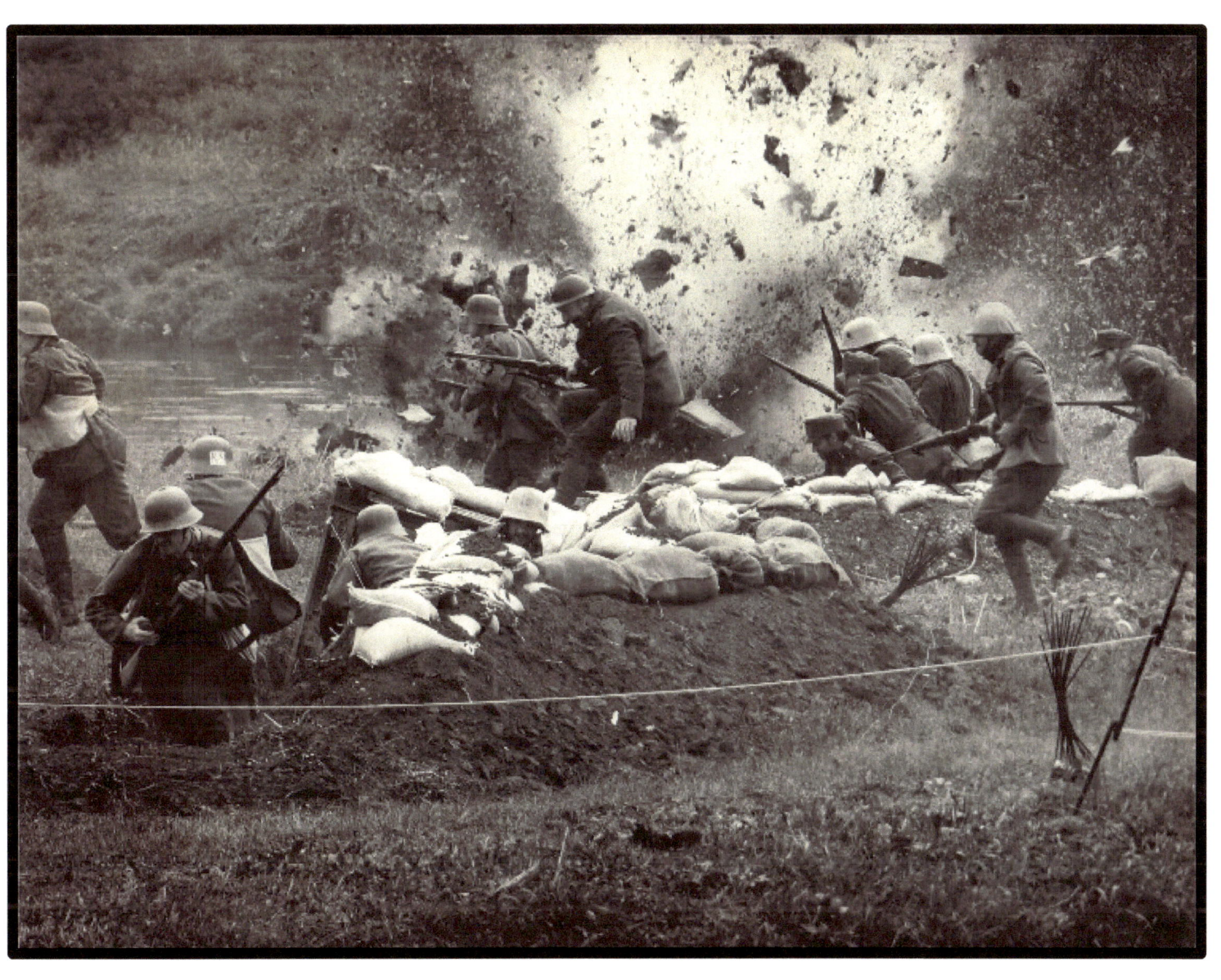

La Grande Guerra sul Monticano - 2018

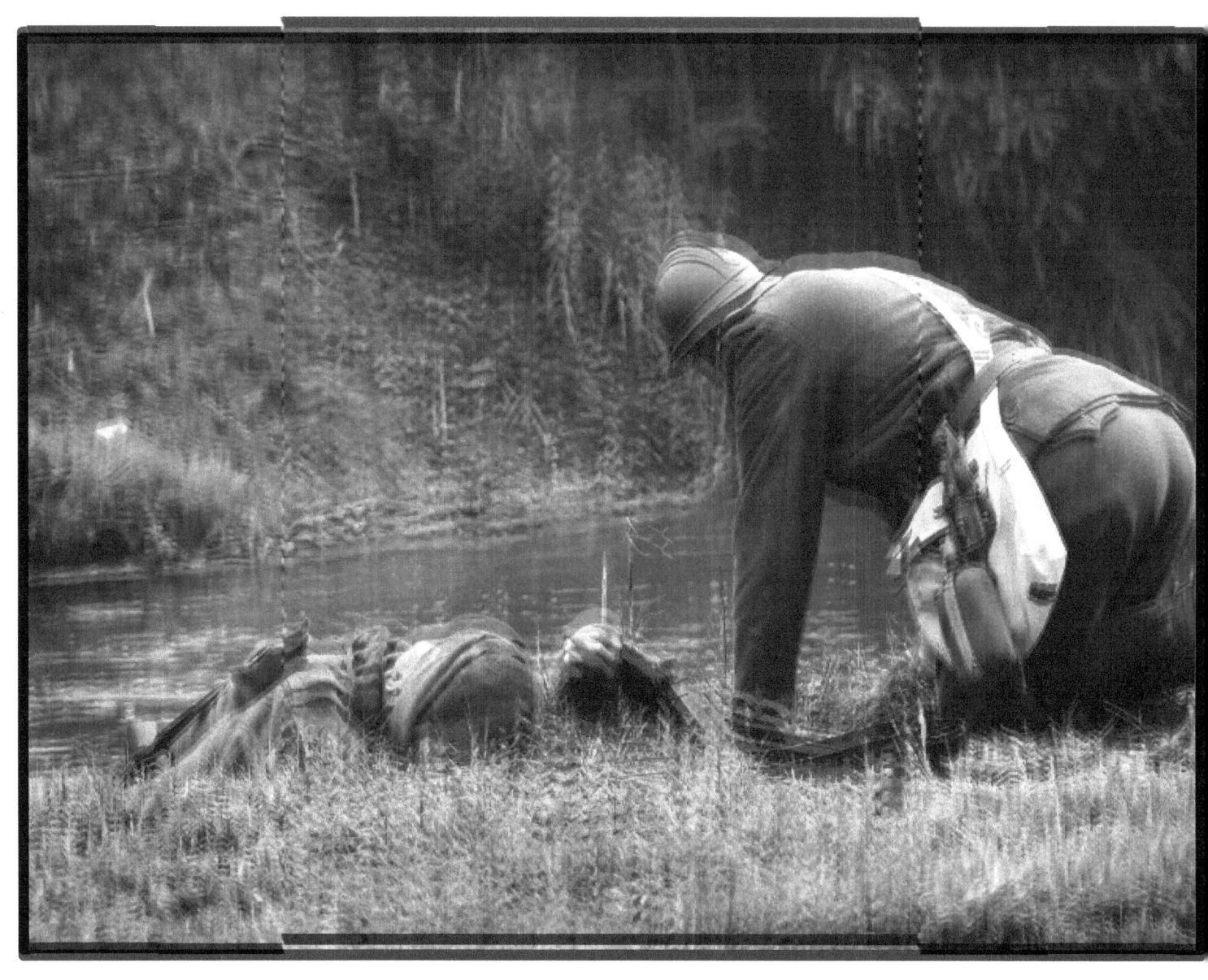

La Grande Guerra sul Monticano - 2018

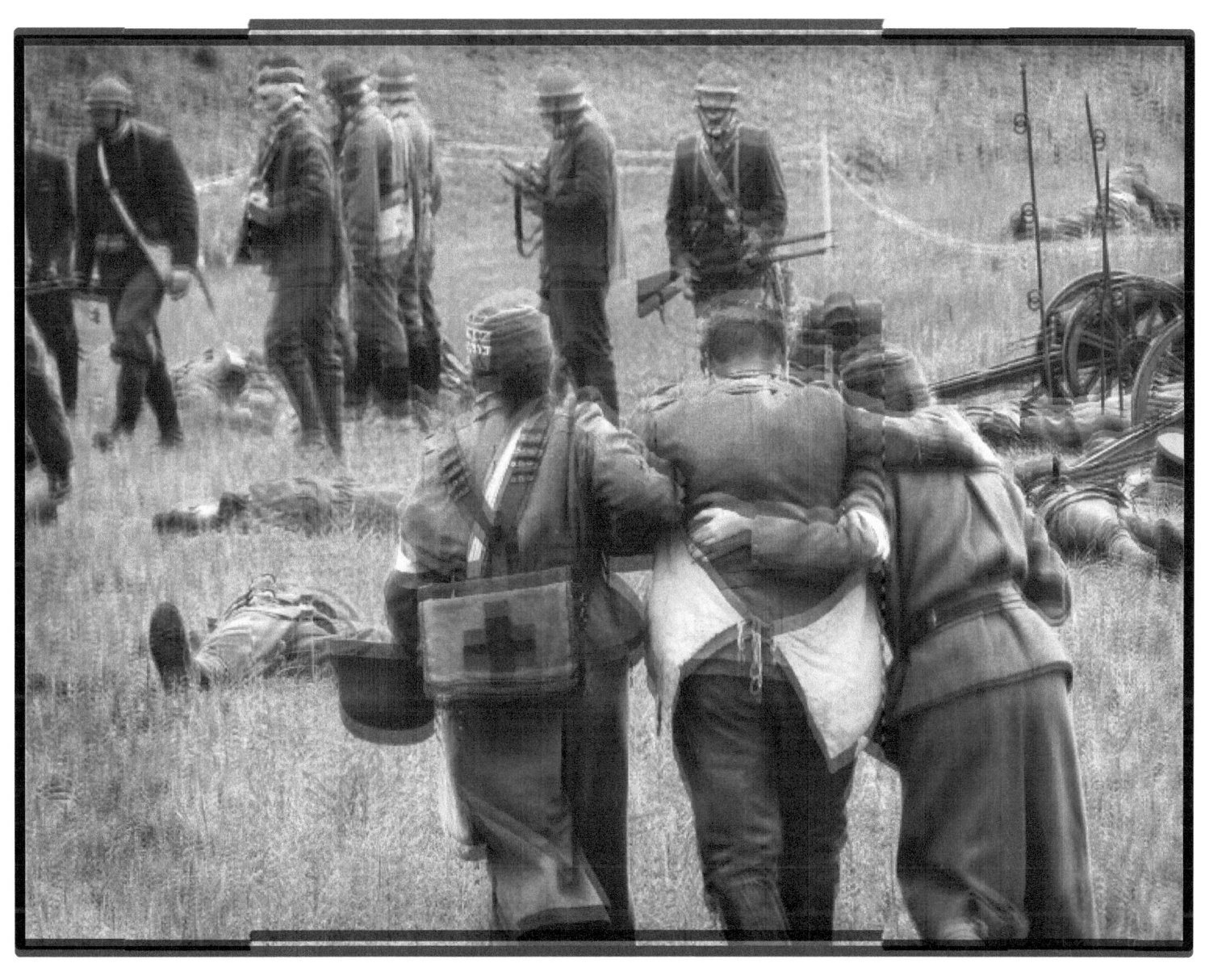

La Grande Guerra sul Monticano - 2018

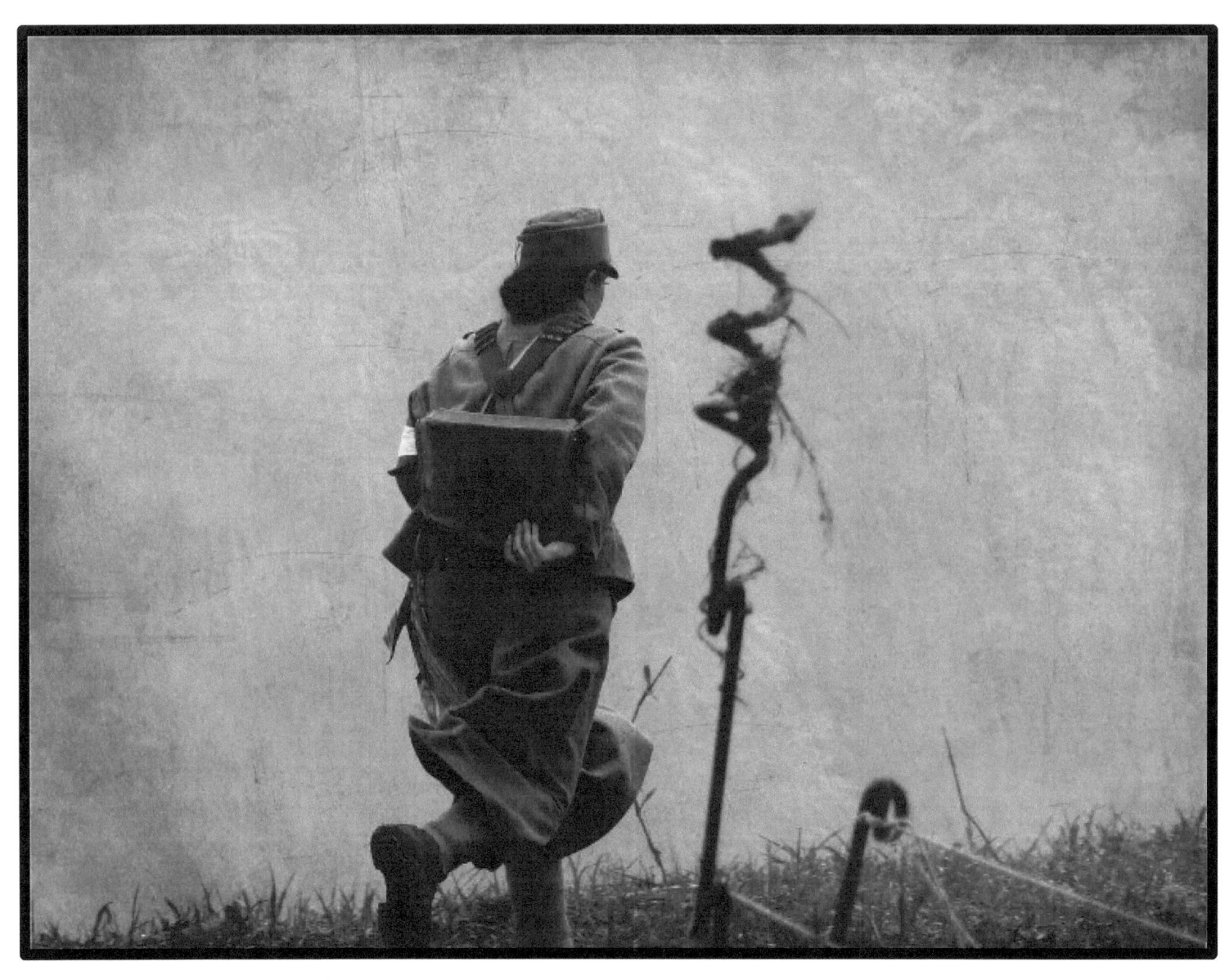

La Grande Guerra sul Monticano - 2018

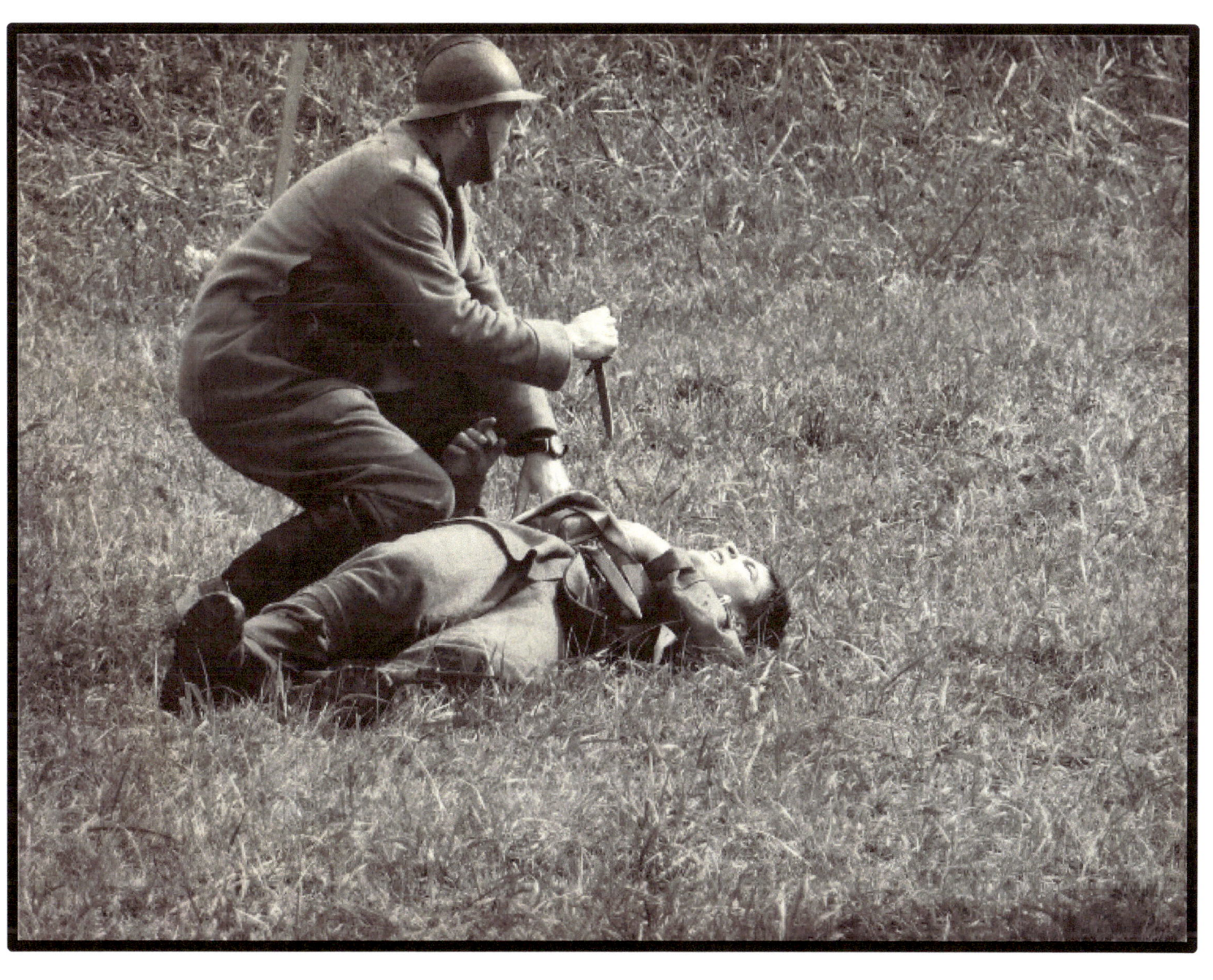

La Grande Guerra sul Monticano - 2018

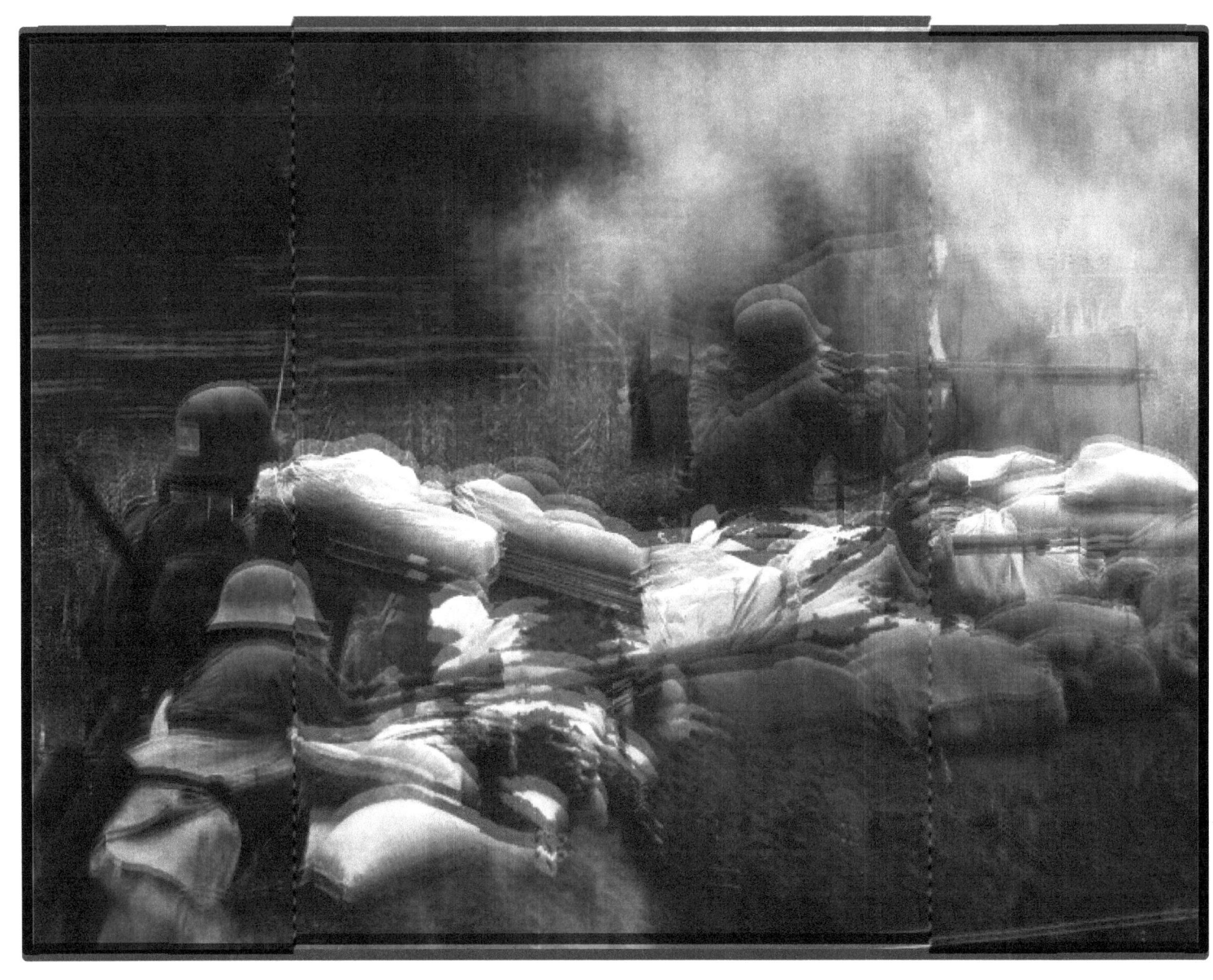

La Grande Guerra sul Monticano - 2018

La Grande Guerra a Breganze

Rievocazione Storica Breganze (VI) ai tempi della Grande Guerra.
La prima guerra mondiale giunse a sfiorare il paese di Breganze, posto nelle retrovie del fronte attestato tra il Pasubio, l'Altopiano e il Grappa.

Rievocazione storica con la partecipazione di:

Gruppo storico "157 Regg.to Brigata Liguria"
Gruppo storico Battaglione Bassano
12^ Durham Light Infantry.

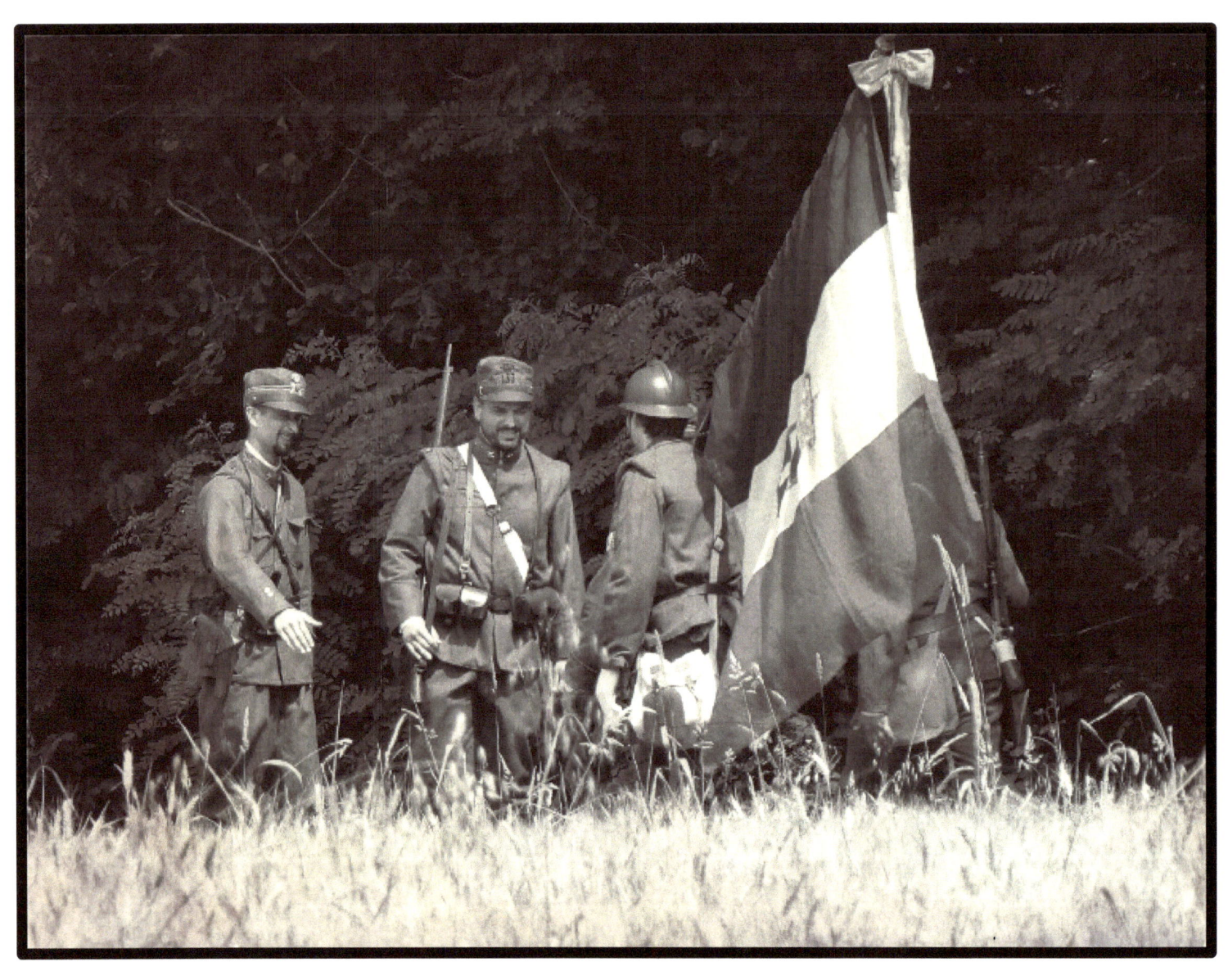

La Grande Guerra a Breganze - 2018

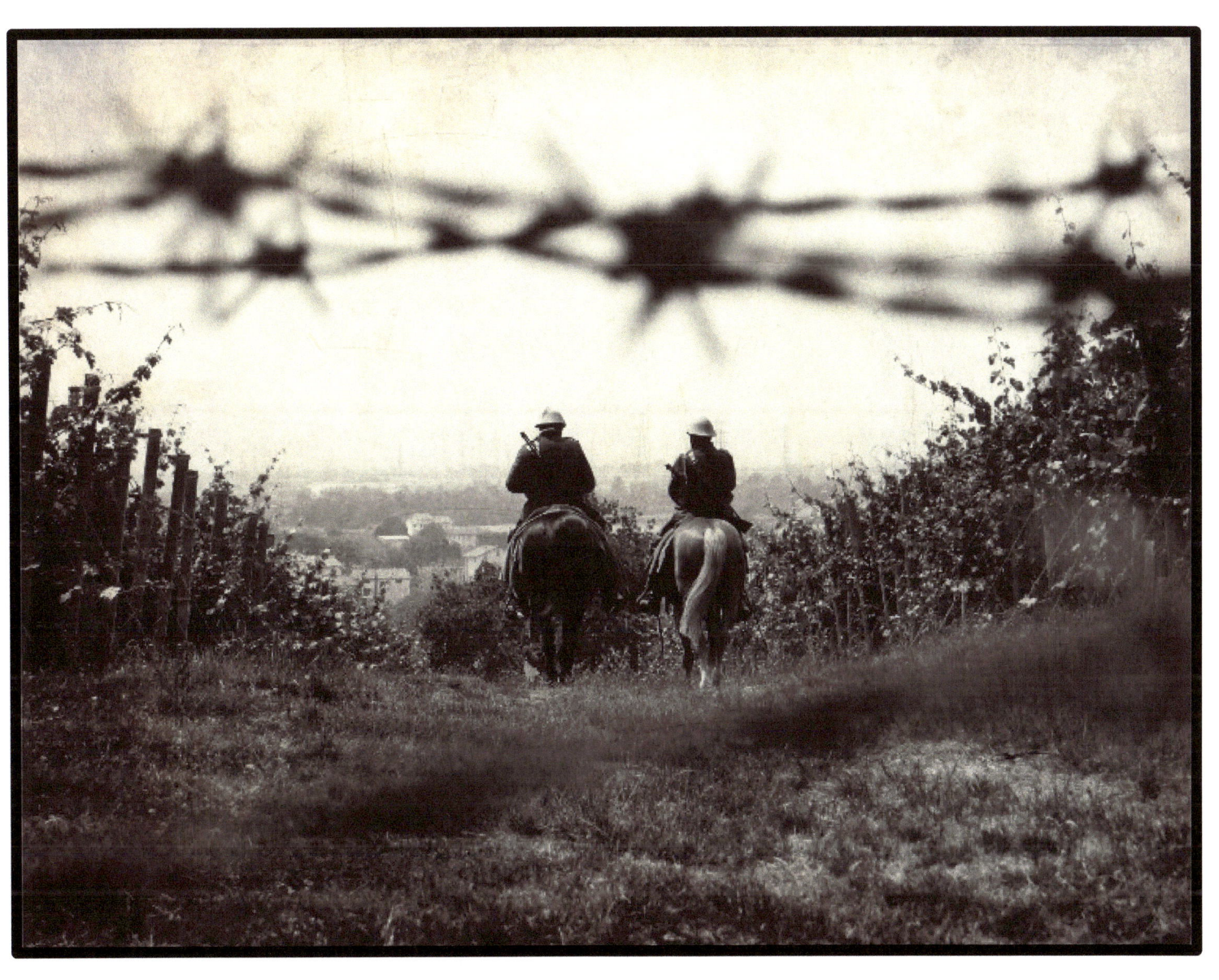

La Grande Guerra a Breganze - 2018

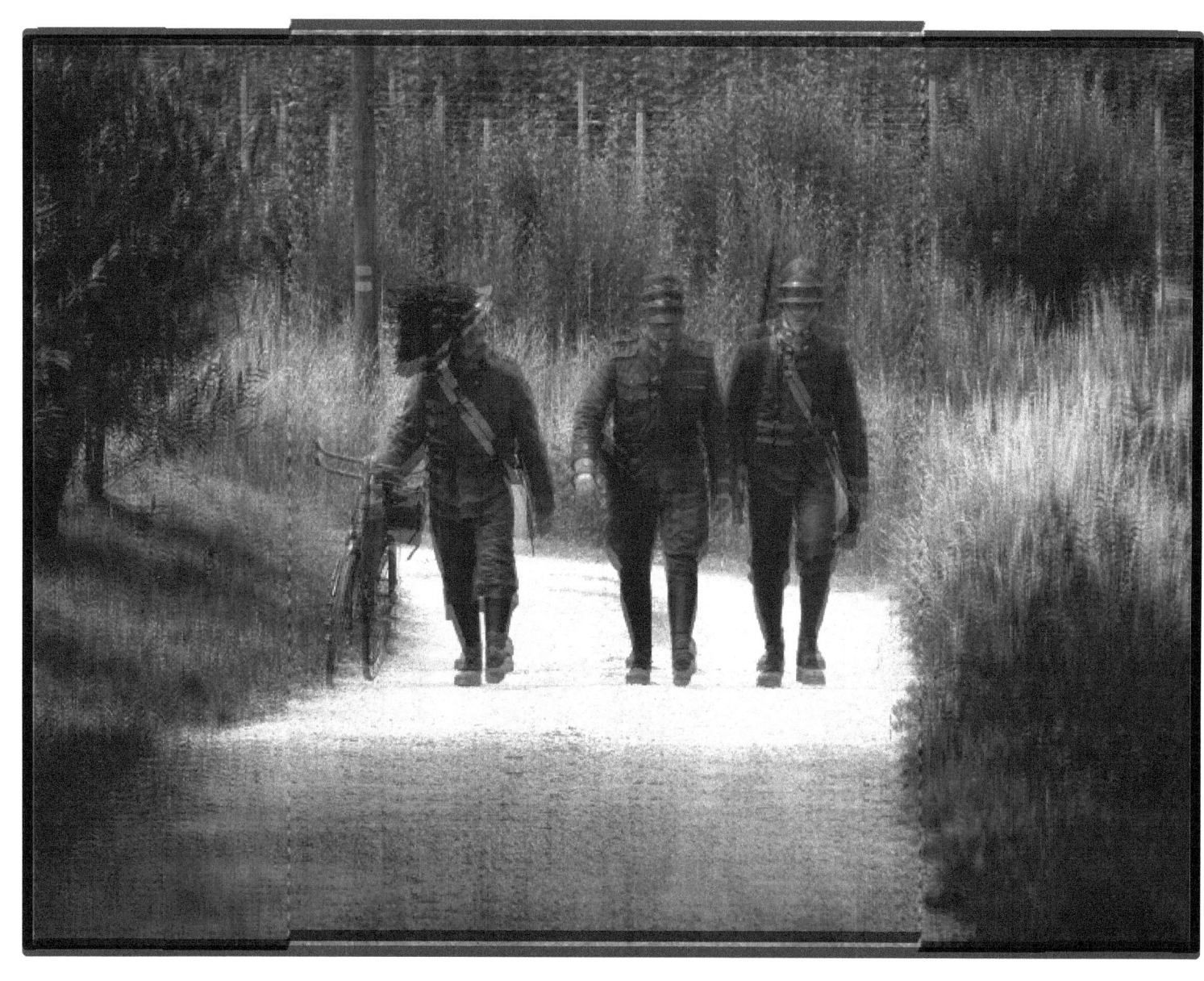

La Grande Guerra a Breganze - 2018

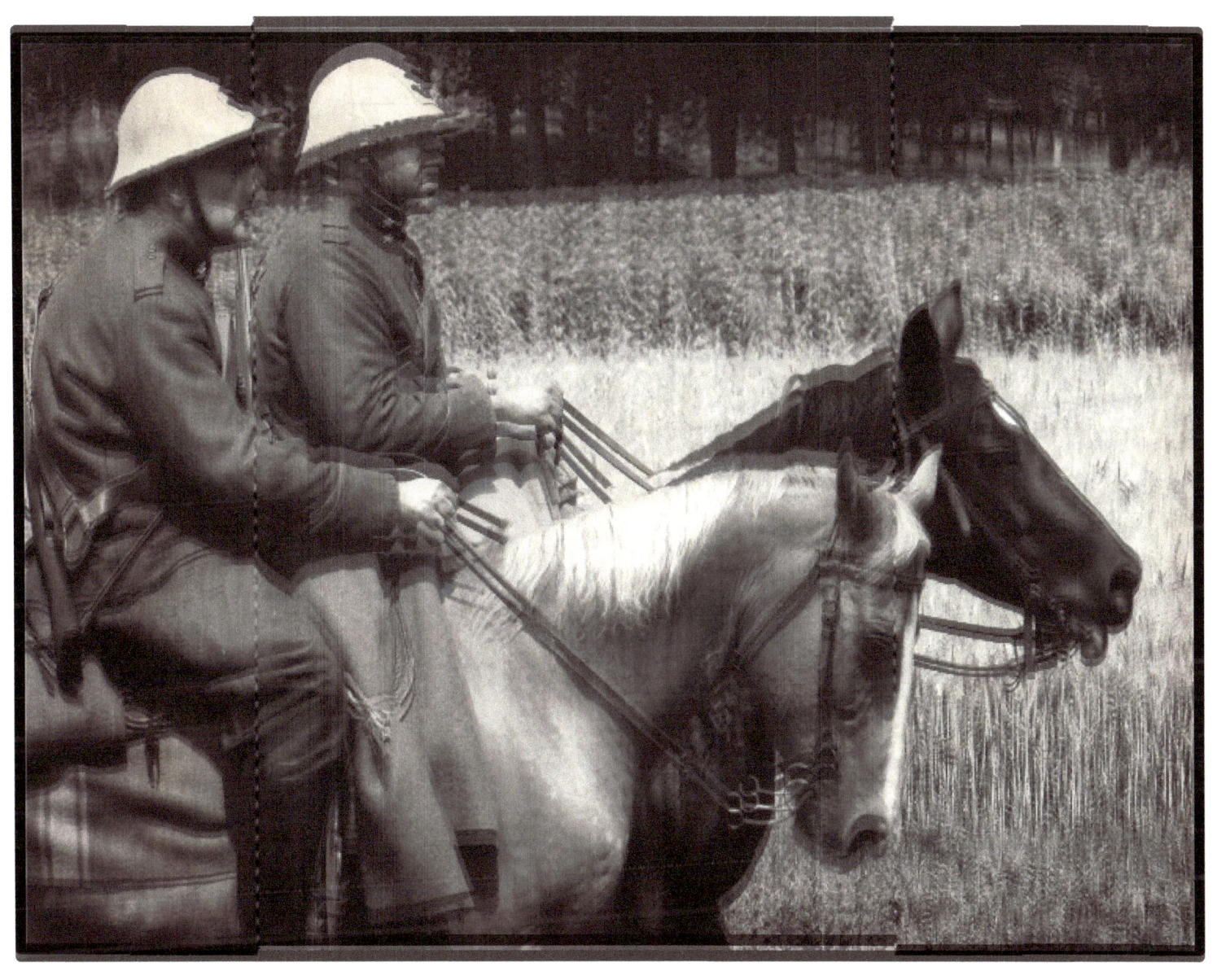

La Grande Guerra a Breganze - 2018

La Grande Guerra sul Piave

Sul Montello e lungo il Medio Piave si svolsero i momenti più importanti della Grande Guerra dopo la disfatta di Caporetto: dalla resistenza decisiva contro la spinta austro-ungarica all'offensiva finale, che decretò la fine del conflitto e la vittoria del Regno d'Italia.

Rievocazione Storica "La battaglia della Vittoria" Isola dei Morti, Moriago della Battaglia (TV).

Rievocazione storica con la partecipazione di:
FNAI Trieste
Plotone Storico E.T. Brandi

La Battaglia Del Solstizio presso Saletto di Piave (TV)

Rievocazione storica con la partecipazione di:
Caimani del Piave
Fondazione Jonathan Collection

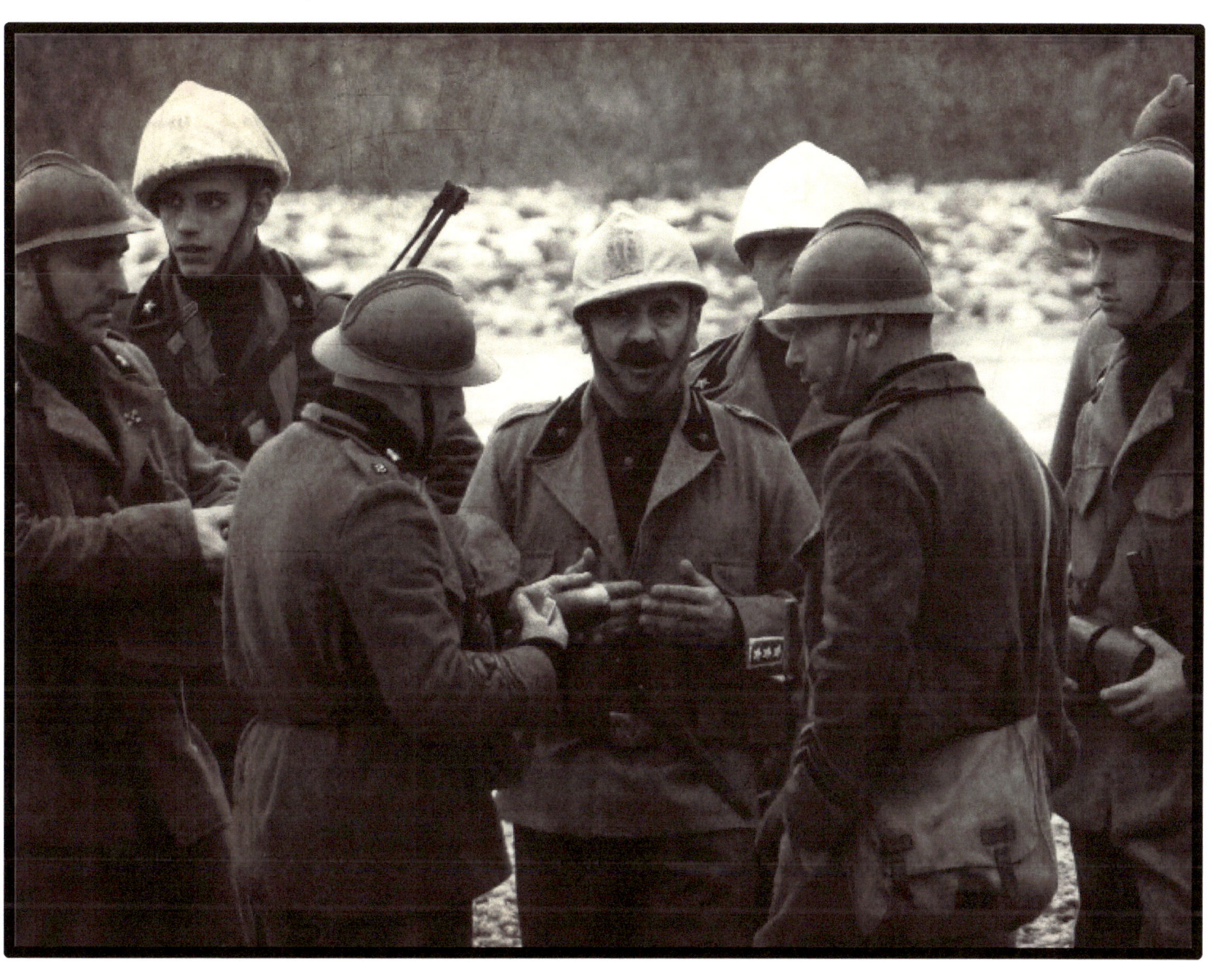

La Battaglia della Vittoria - 2018

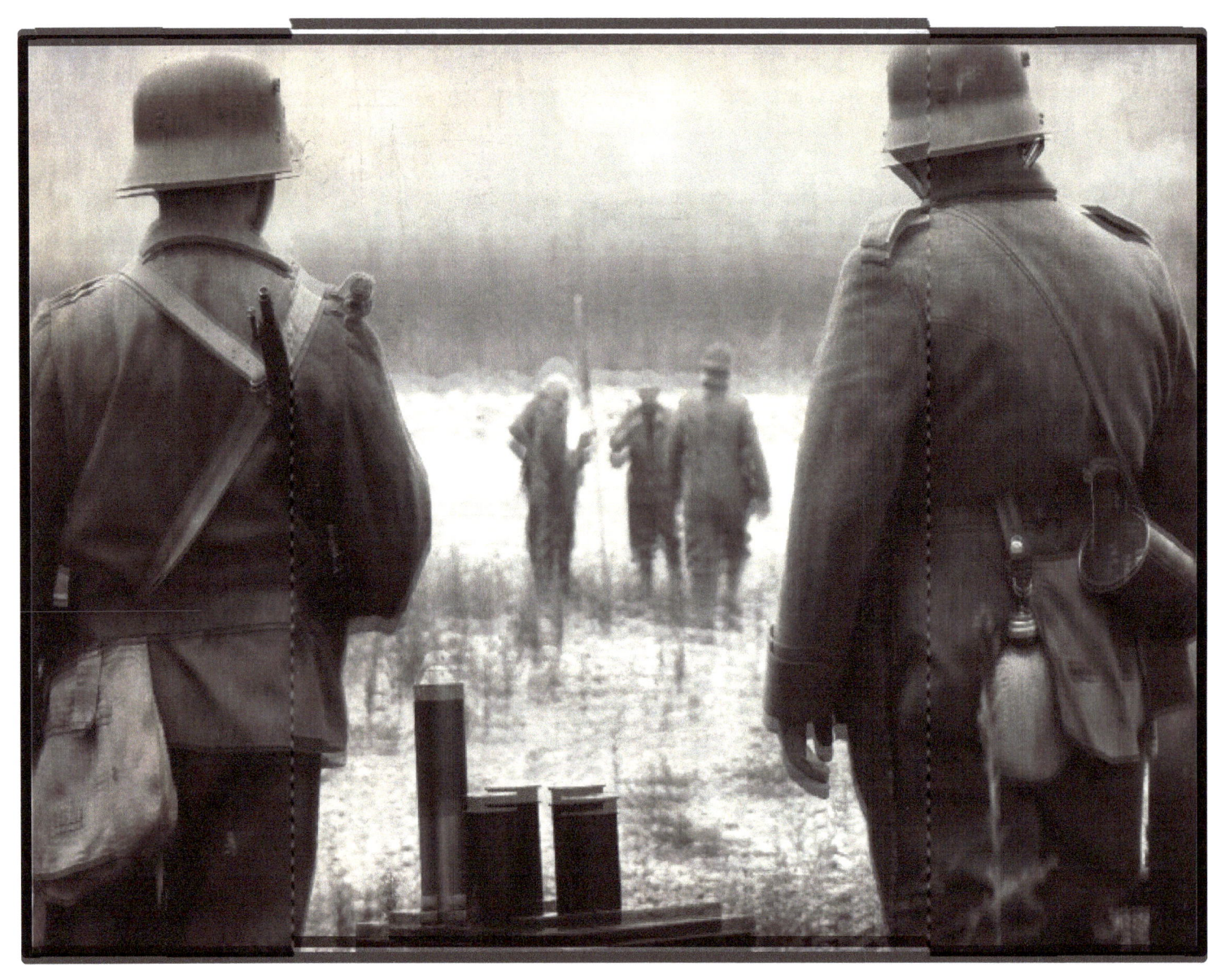

La Battaglia della Vittoria - 2018

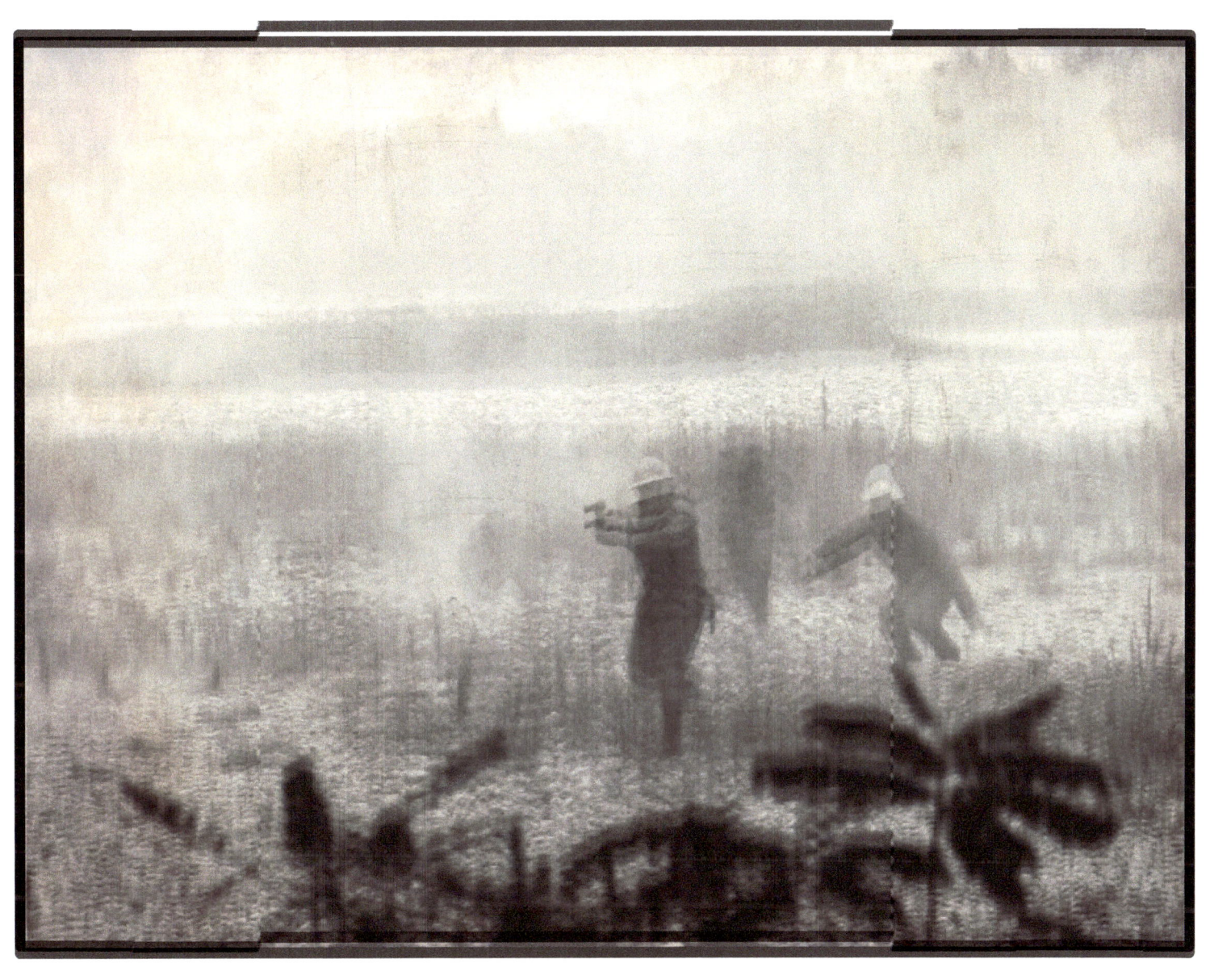

La Battaglia della Vittoria - 2018

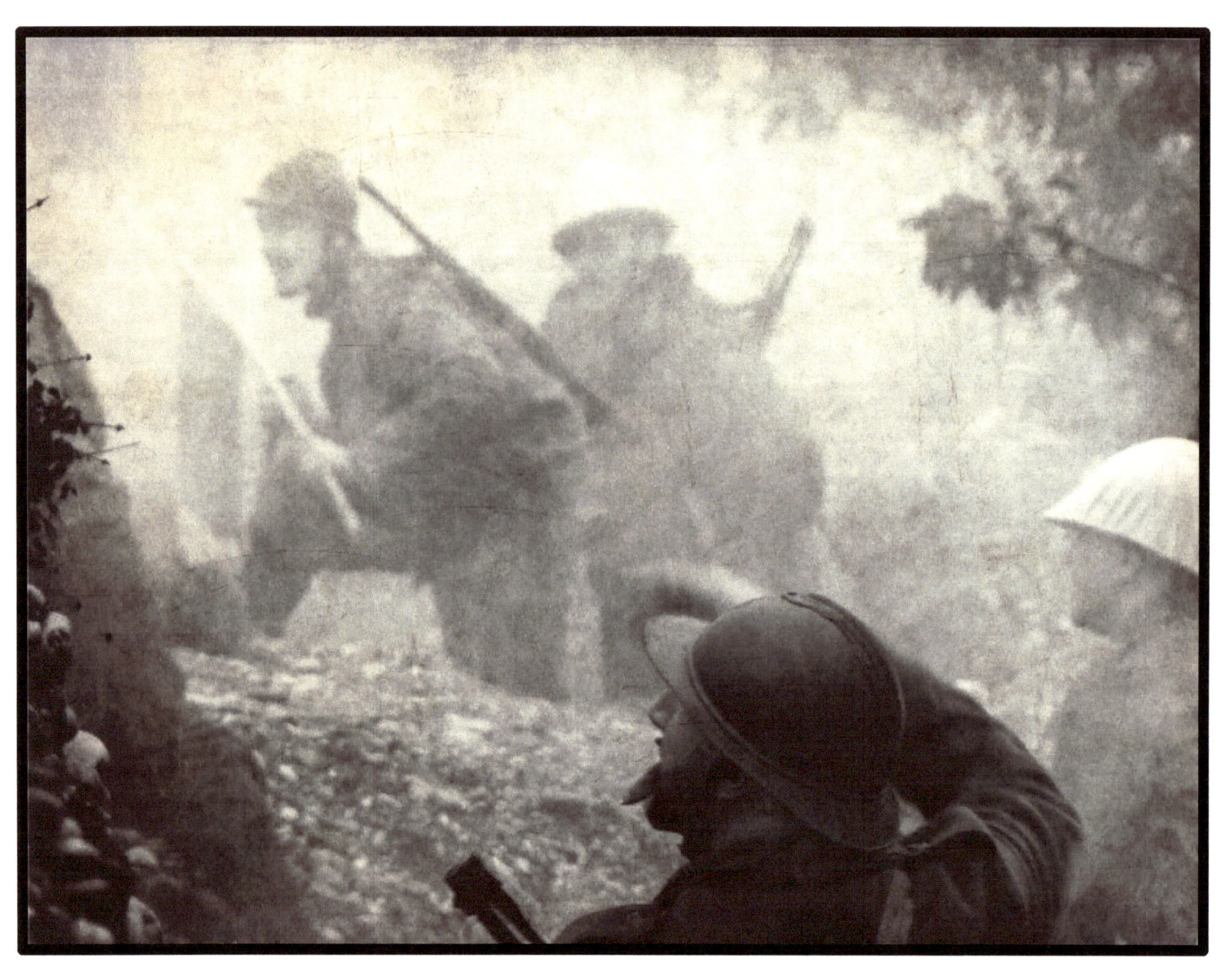

La Battaglia della Vittoria - 2018

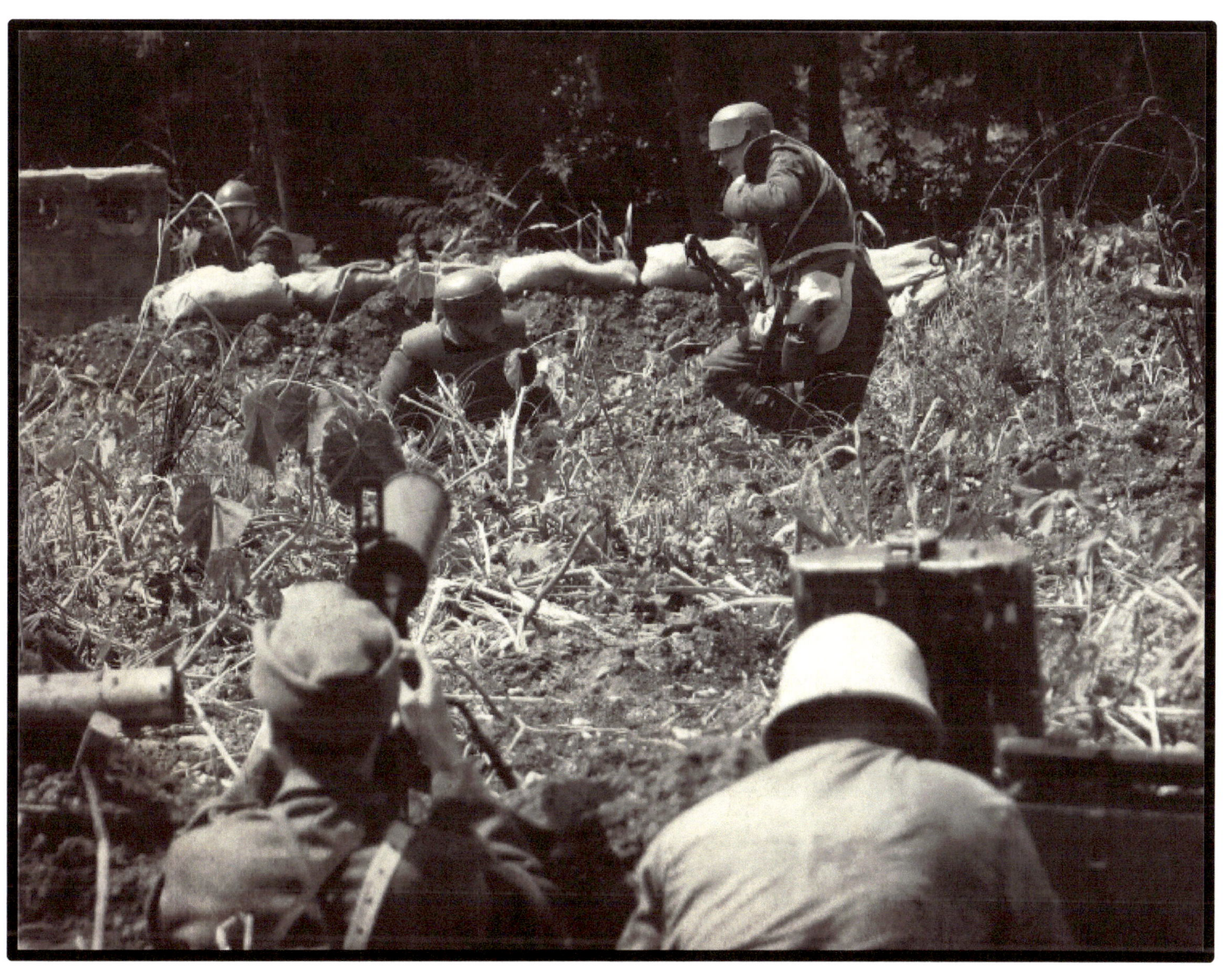

La Battaglia della Vittoria - 2018

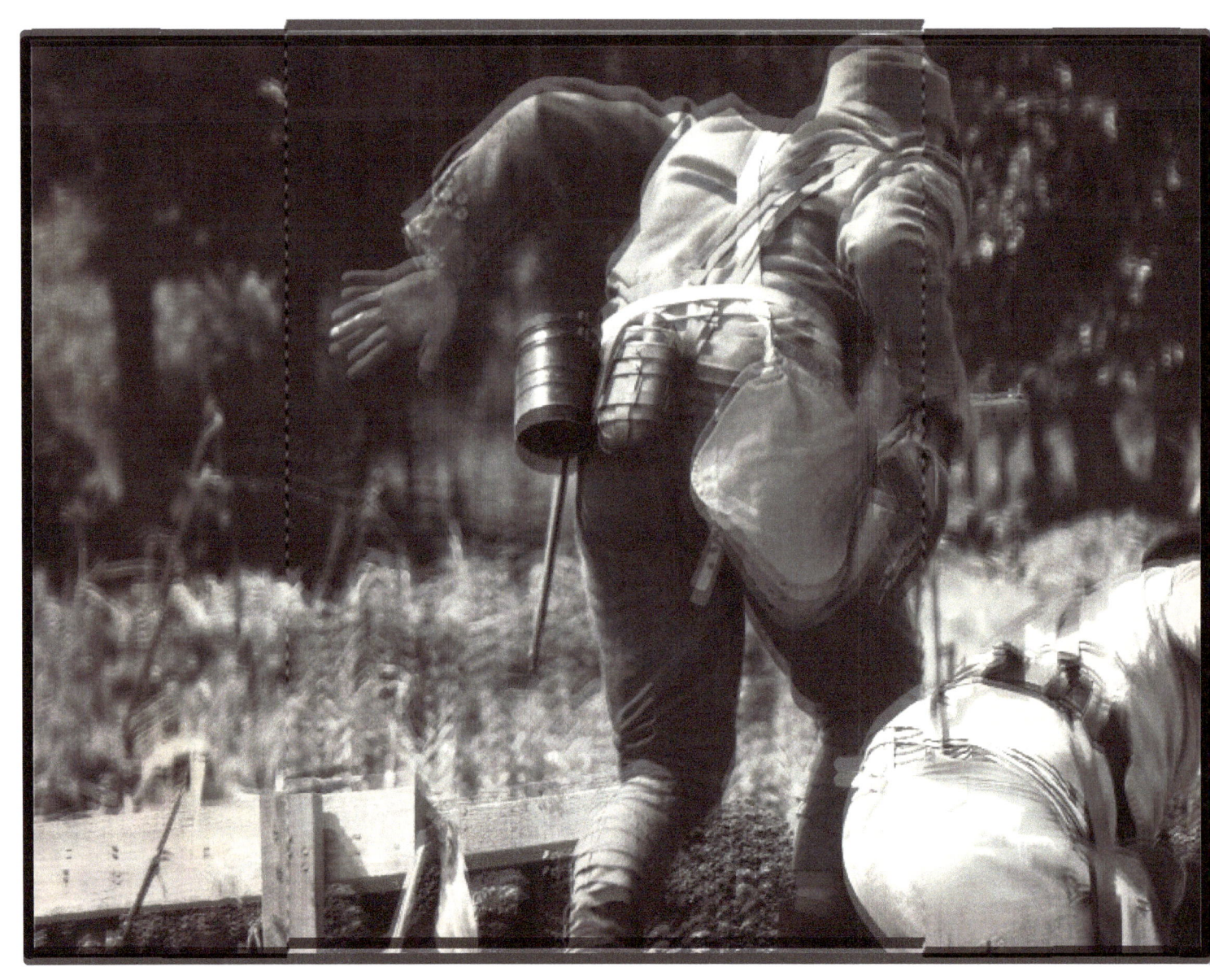
La Battaglia della Vittoria - 2018

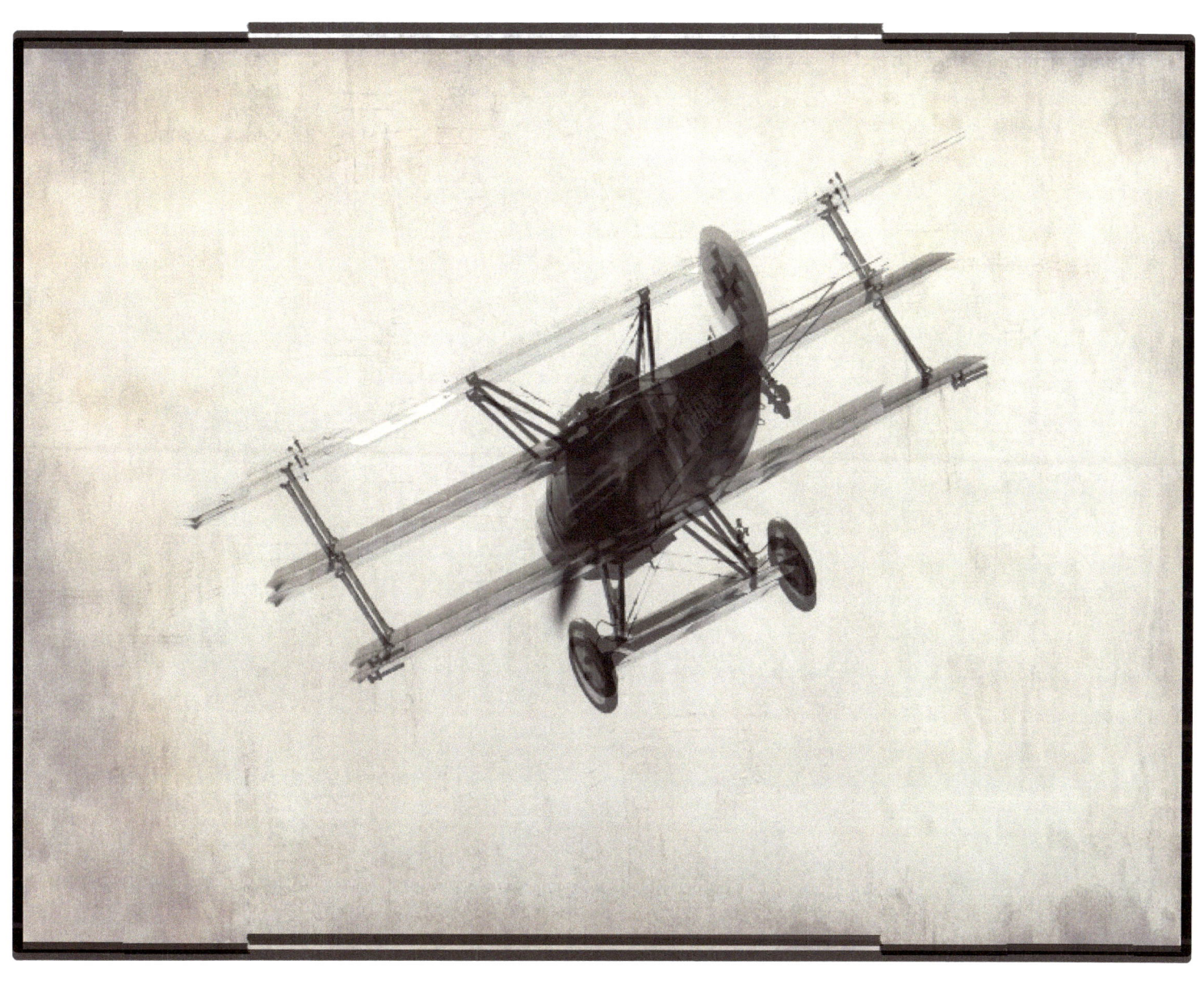

La Battaglia della Vittoria - 2018

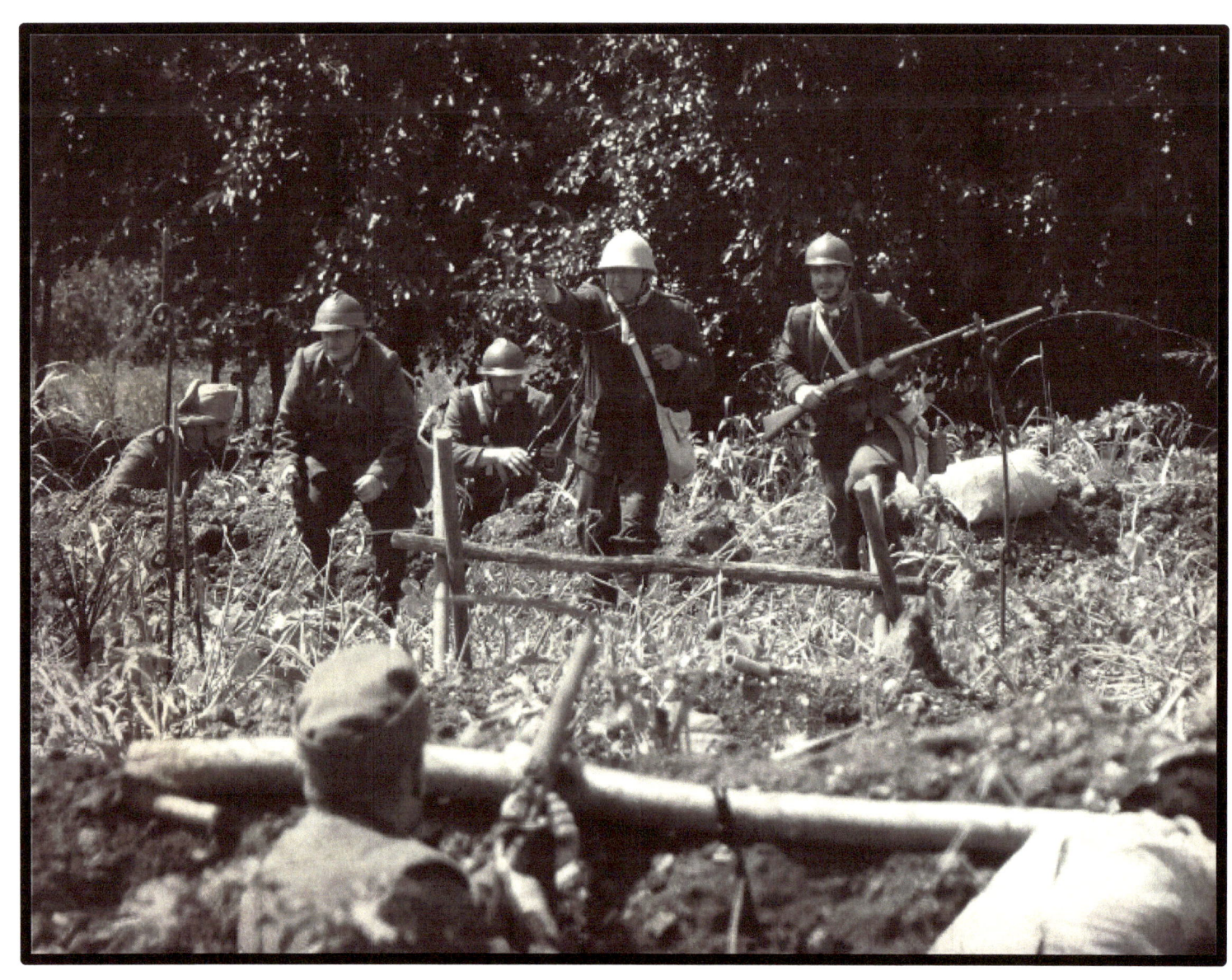

La Battaglia della Vittoria - 2018

La Grande Guerra sul Livenza

I corsi d'acqua del Monticano e del Piavon, in combinazione col Livenza, rappresentarono nel novembre 1917 l'ultimo caposaldo dei reparti italiani a copertura della 3a Armata nel suo ripiegamento al Piave.

Rievocazione storica a Motta di Livenza (TV).

Rievocazione storica con la partecipazione di:
Caimani del Piave
Welsch Tiroler
Dodicesima Durham Light Infantry

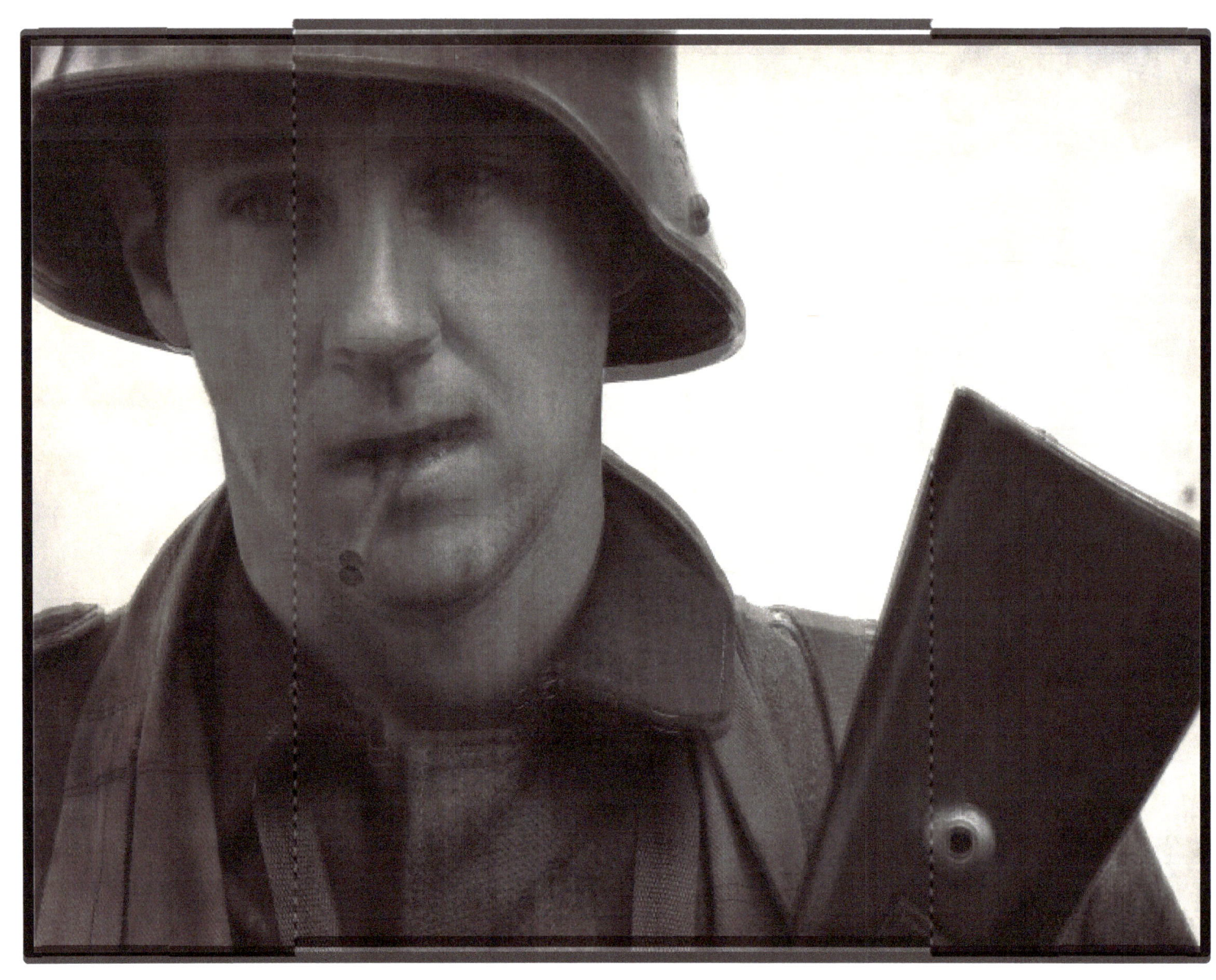

La Grande Guerra sul Livenza - 2017

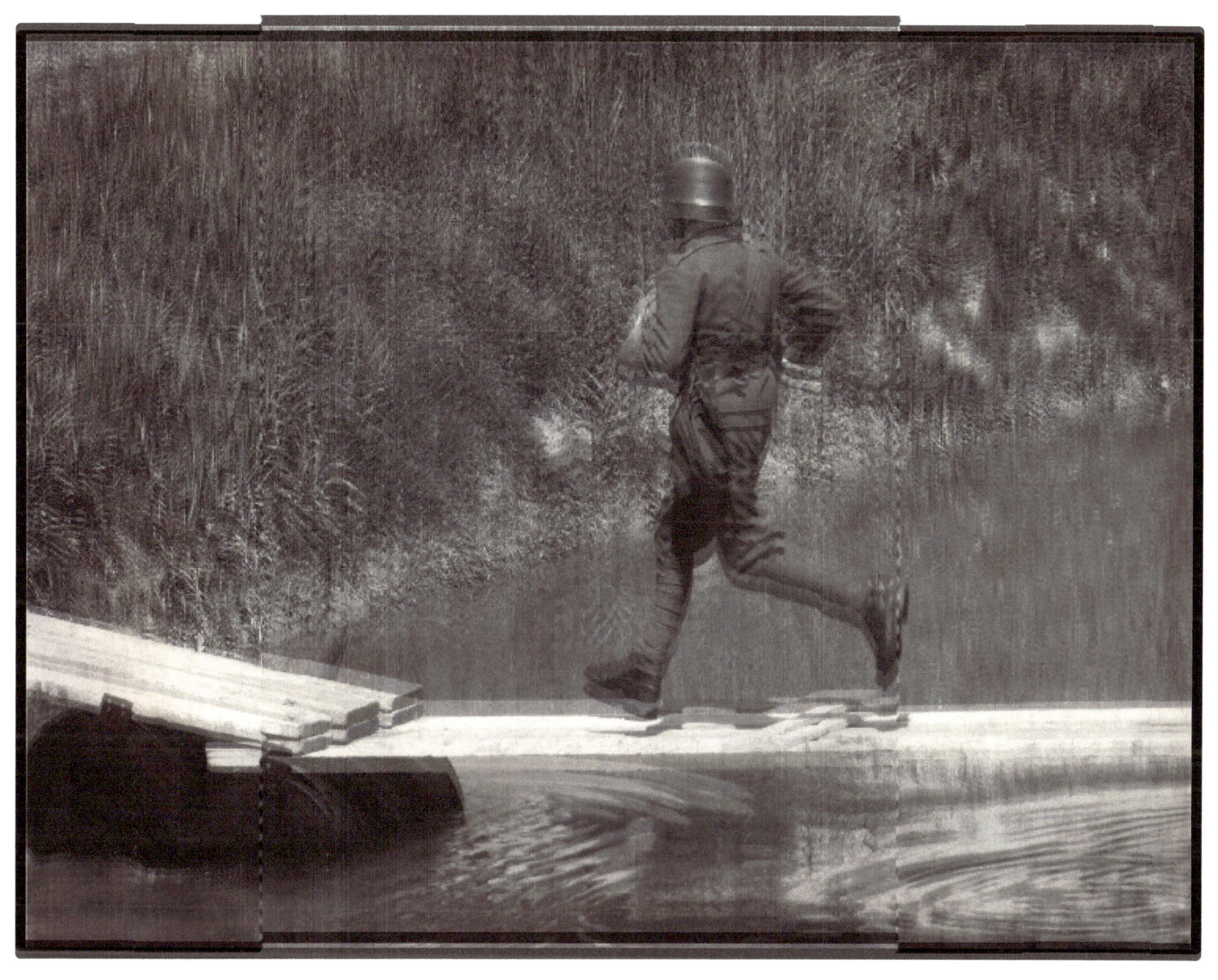

La Grande Guerra sul Livenza - 2017

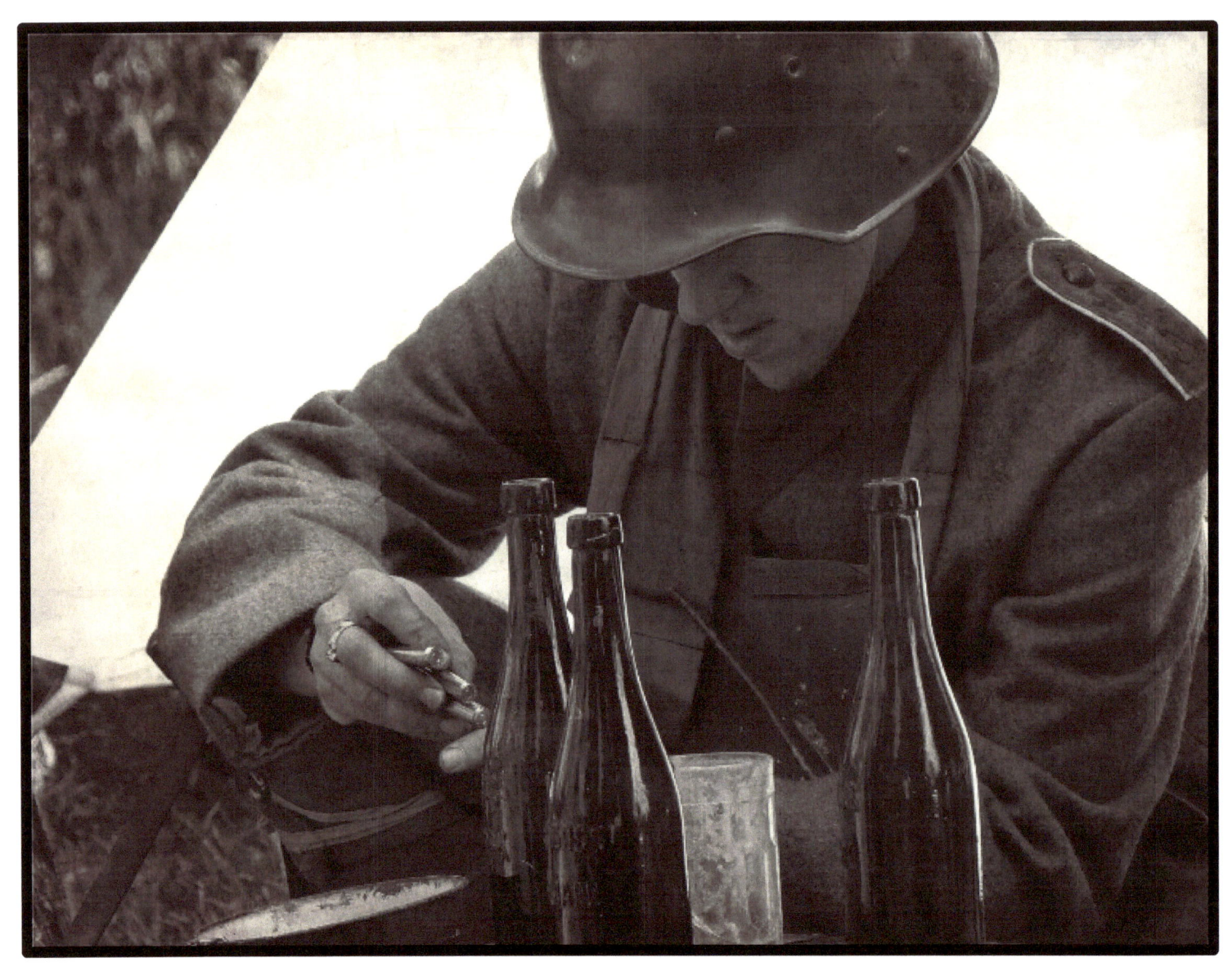

La Grande Guerra sul Livenza - 2017

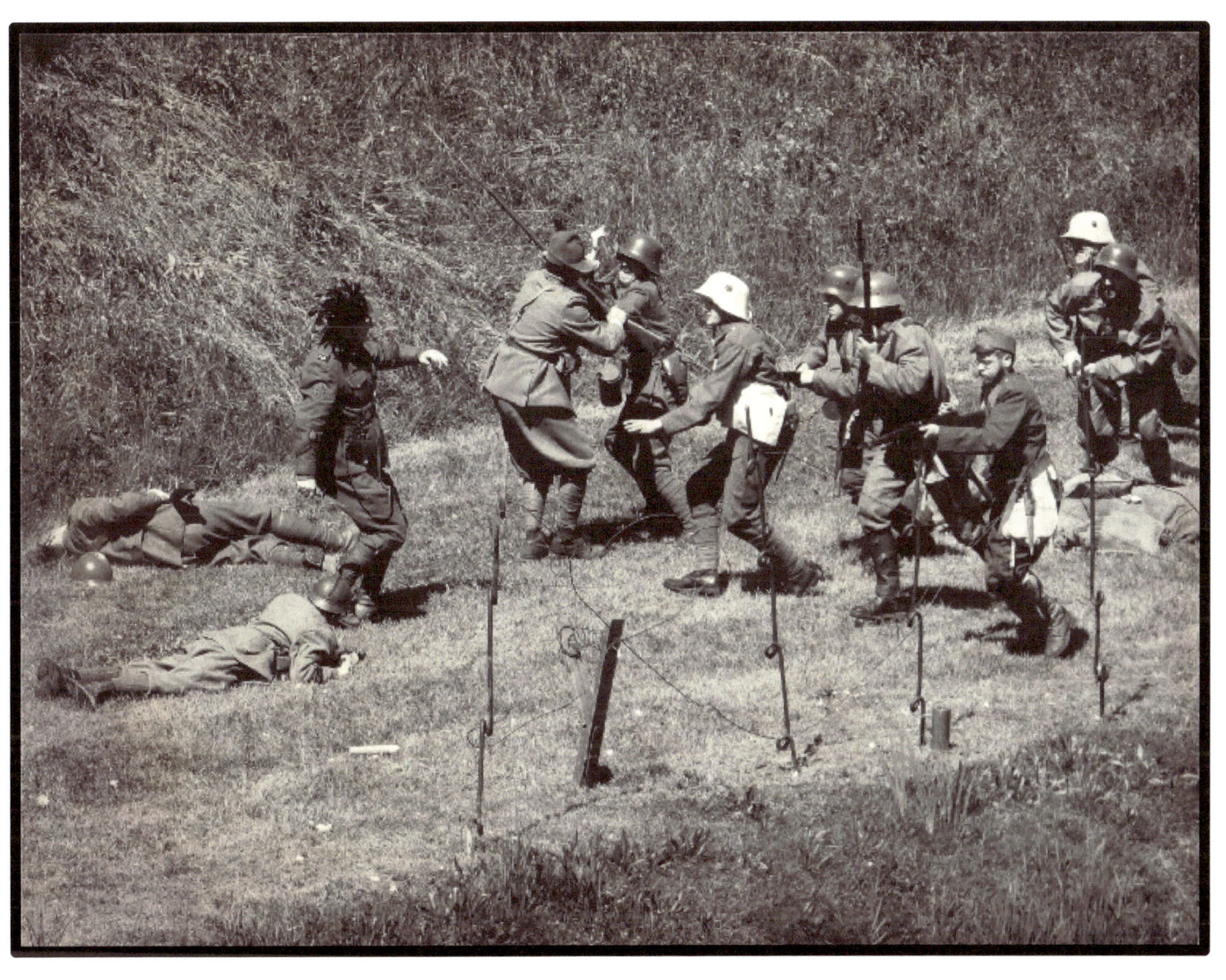

La Grande Guerra sul Livenza - 2017

Ringraziamenti

Un doveroso ringraziamento a tutti i gruppi storici di rievocazione che hanno partecipato agli eventi fotografati:

Foto realizzate da:
Roberto Cavasin

Macchina utilizzata:
Panasonic Lumix FZ200

Tutti i diritti riservati

Ulteriori foto presenti su:
www.fotografodiguerra.it
www.facebook.com/fotografodiguerra.it

Altri Libri Consigliati su Amazon:

Bunker e Trincee Lungo il Piave: 14 itinerari nascosti alla scoperta dei Luoghi della Grande Guerra sul fiume sacro alla patria: Il Piave. Per toccare la Storia con Mano.

Alla Ricerca delle Trincee Nascoste: 14 Suggestivi Itinerari alla scoperta dei Luoghi della Grande Guerra tra Veneto, Friuli-Venezia Giulia e Trentino-Alto Adige. Per toccare la Storia con Mano.

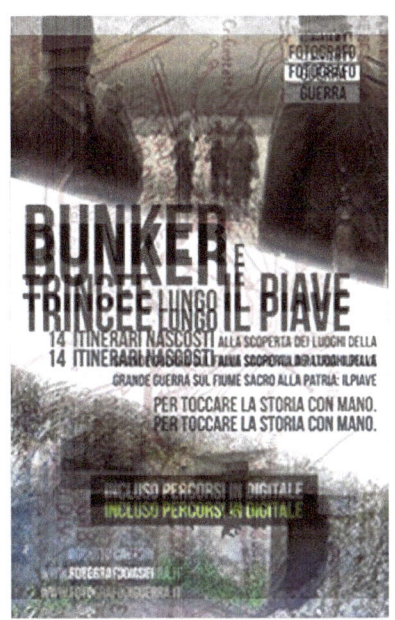 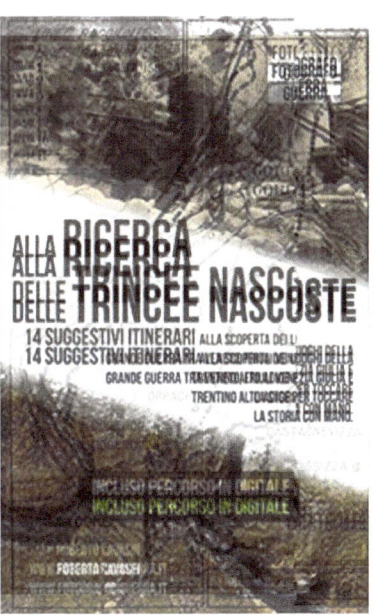

www.ingramcontent.com/pod-product-compliance
Lightning Source LLC
Chambersburg PA
CBHW051931210526
45473CB00006B/2206